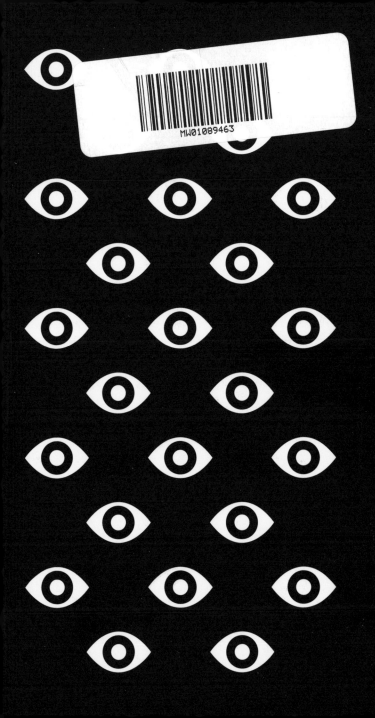

# El poder y la palabra

**George Orwell** (Motihari, India, 1903 - Londres, 1950), cuyo nombre real era Eric Blair, fue novelista, ensayista brillante y maestro de periodistas. Su corta vida resume los sueños y las pesadillas del mundo occidental en el siglo xx. Nació en la India británica en el seno de una familia de clase media, estudió con una beca en el exclusivo colegio de Eton, sirvió en la Policía Imperial en ultramar (*Los días de Birmania*, 1934), volvió a Europa, donde vivió a salto de mata (*Sin blanca en París y Londres*, 1933), regresó a la Inglaterra rural y empezó allí el ejercicio de la docencia (*La hija del clérigo*, 1935). Escribió sobre la clase obrera inglesa y la explotación (*Que no muera la aspidistra*, 1936; *El camino a Wigan Pier*, 1937), recogió su experiencia de lucha contra el fascismo en la turbulenta Guerra Civil española (*Homenaje a Cataluña*, 1938), vislumbró en la convalecencia posterior el derrumbe del viejo mundo (*Subir a por aire*, 1939), colaboró con la BBC durante la Segunda Guerra Mundial, se consagró en el *Tribune* y el *Observer* como uno de los mejores prosistas en lengua inglesa (entre su vasta producción ensayística cabe destacar *El león y el unicornio y otros ensayos*, 1940), fabuló las perversiones del socialismo (*Rebelión en la granja*, 1945) y llegó a anticipar nuevos tipos de sociedad burocrática e hiperpolítica (*Mil novecientos ochenta y cuatro*, 1949). A pesar de su temprana muerte, se le sigue considerando la conciencia de una generación y una de las voces más lúcidas que se han alzado contra toda clase de totalitarismos.

# El poder y la palabra
## 10 ensayos sobre lenguaje, política y verdad

### GEORGE ORWELL

Selección y prólogo de
Miquel Berga

Primera edición: junio de 2017

© 2017, Penguin Random House Grupo Editorial, S. A. U.
Travessera de Gràcia, 47-49. 08021 Barcelona
© 2017, Miquel Berga, por la introducción
© 2013, Inga Pellisa, por la traducción de «Descubriendo el pastel español»,
«Palabras nuevas», «Literatura y totalitarismo», «Propaganda y lenguaje popular»,
«Delante de las narices»
© 2017, Miguel Temprano, por la traducción de «Lenguaje panfletario»,
© 2013, Miguel Temprano, por la traducción de «La destrucción de la literatura»,
«Principios de nuevalengua»
© 2013, Miguel Martínez-Lage, por la traducción de «La política y la lengua inglesa»
© 2013, Osmodiar Lampio, por la traducción de «Los escritores y el Leviatán»

Diseño de la cubierta: Penguin Random House Grupo Editorial / Nora Grosse

Printed in Spain – Impreso en España

ISBN: 978-84-9992-781-7
Depósito legal: B-8.640-2017

Compuesto en M. I. Maquetación, S. L.
Impreso en Unigraf
Móstoles (Madrid)

C 9 2 7 8 1 7

Penguin
Random House
Grupo Editorial

# Índice

# Lenguaje político
## y posverdad

En el influyente prólogo a la edición estadounidense de *Homenaje a Cataluña* que apareció en 1952, Lionel Trilling, profesor de Columbia y líder intelectual en los círculos literarios de Nueva York alrededor de la *Partisan Review,* compuso su particular «retrato del intelectual como hombre de virtud». Trilling intuía que el esfuerzo político central de Orwell en aquel libro consistía en establecer la verdad factual hasta donde fuera posible y hacerlo sin dejar de advertir al lector que solo se trataba de «su» verdad. A Trilling le impresionó esta lucha ejemplar, simple y tenaz de alguien que quiere contar la verdad sin «utilizar argot político y sin hacer recriminaciones». Y a pesar de que la verdad particular de Orwell implicaba una verdad general y una posición moral, Trilling recordaba que, al final, lo que iba a perdurar de su testimonio y lo que más importaba era «nuestra capacidad para identificar al hombre que cuenta la verdad».

PRÓLOGO

Las peculiares relaciones de Orwell con la verdad se iniciaron, efectivamente, en España. Poco después de salir (en realidad, de escapar) de nuestro país ante la infame persecución estalinista de militantes del POUM, un dolido y furioso Orwell escribía, al llegar a Inglaterra, sus primeras impresiones sobre lo que estaba pasando en la Barcelona de 1937. El primer ensayo que se incluye en este volumen («Descubriendo el pastel español») empieza con esta elocuente afirmación: «Es probable que la guerra española haya producido una cosecha de mentiras más abundante que cualquier otro suceso desde la Gran Guerra de 1914-1918». Entre otras, Orwell podía contabilizar las mentiras fabricadas y repetidas sobre el POUM que ya se habían cobrado un trofeo: el martirio y asesinato de Andrés Nin a manos de agentes soviéticos. Stalin no iba a pasar por alto que aquel pequeño partido marxista hubiese osado criticar los juicios espectáculo de Moscú y las purgas a los dirigentes revolucionarios del Octubre del 17. El POUM fue estigmatizado rápidamente como partido «trotskista», la etiqueta que daba licencia para los asesinatos «necesarios», aunque en este caso la denominación hubiera dejado atónito al propio Trotski, quien mantenía serias y conocidas divergencias políticas con Nin. El camarada Stalin no era dado a ponerse exquisito por una mentira de más cuando se trataba, repito, de asesinatos «necesarios».

Para Orwell, con la guerra de España empezó todo, o casi todo. Aunque podríamos decirlo con paradoja orwelliana y afirmar, al mismo tiempo, que allí acabó todo. Así se desprende de un revelador fragmento del ensayo que escribió años después rememorando su experiencia española. En «Recuerdos de la guerra de España» (1942) escribe:

> Recuerdo haberle dicho alguna vez a Arthur Koestler que «la historia se detuvo en 1936», ante lo cual él asintió, comprendiéndolo de inmediato. Ambos estábamos pensando en el totalitarismo en general, pero más particularmente en la Guerra Civil española. En mi juventud ya me di cuenta de que los periódicos jamás informan correctamente sobre evento alguno, pero en España, por primera vez, vi reportajes periodísticos que no guardaban la menor relación con los hechos, ni siquiera el tipo de relación con la realidad que se espera de las mentiras comunes y corrientes. [...] Vi como los periódicos de Londres vendían estas mentiras, y a ávidos intelectuales que construían superestructuras emocionales sustentadas en eventos que no ocurrieron jamás.

La alarma de Orwell ante la impresión de que el concepto de verdad objetiva estaba desapareciendo del mundo y de que, en la práctica, la mentira se podía volver verdad le impulsó a reflexionar sobre los mecanismos del sistema totalitario que acabaría desarrollando en *Mil novecientos ochenta y cuatro*.

En el mismo ensayo sobre la guerra española aparecen conceptos clave que harían eclosión, cinco años más tarde, en su famosa distopía:

> El objetivo tácito de este modo de pensar es un mundo de pesadilla en el que el líder máximo, o bien la camarilla dirigente, controle no solo el futuro, sino incluso el pasado. Si sobre tal o cual acontecimiento el líder dictamina que «jamás tuvo lugar»… pues bien: no tuvo lugar jamás. Si dice que dos más dos son cinco, así tendrá que ser. Esta posibilidad me atemoriza mucho más que las bombas.

El presidente Trump y su Administración han inyectado nuevas resonancias a la posibilidad que atemorizaba a Orwell. El estilo Trump quedó reflejado en la expresión, hoy ya popular, «hechos alternativos». La asesora de Trump Kellyanne Conway defendió la versión que había anunciado la jefa de prensa de la Casa Blanca sobre el número de asistentes al acto de toma de posesión del nuevo presidente. El periodista Chuck Todd la presionó para que admitiera la falsedad de la información, pero Conway argumentó que ellos disponían de «hechos alternativos». El periodista le recordó que los hechos «alternativos» no eran hechos, eran falsedades. La reacción inmediata de muchos fue calificar el paradójico concepto de «orwelliano» por su conexión con los métodos del Ministerio de la Verdad en la novela *Mil novecientos ochenta y cuatro*. La cuestión disparó de manera espectacular las ventas del libro de Orwell, quien consiguió su enésima victoria póstuma al convertirse su última obra en el libro más vendido en Estados Unidos a las dos semanas de la toma de posesión de Donald Trump. La combinación de estos factores popularizó definitivamente el concepto de «posverdad» en los análisis sobre el lenguaje político. El *Oxford English Dictionary* define, desde el año pasado, el concepto de posverdad como «relativo a aquellas circunstancias en las que apelar a las emociones y las creencias personales resulta más influyente para moldear la opinión pública que los hechos objetivos». Si una preocupación caracteriza los escritos de Orwell a partir de su experiencia española es tomarse seriamente la reacción emocional en lo político (véanse sus opiniones sobre la figura de Hitler) y explorar la tenue relación que los humanos mantenemos con los conceptos de racionalidad y verdad.

Los textos de Orwell que nos ocupan no son tratados sobre filosofía del lenguaje. Se limitan, a mi entender, a reflejar aspectos primordiales de la tradición liberal anglosajona que pueden conectarse con la idea del *fair play* (algo que seguramente le inculcaron en Eton) o con los postulados de la filosofía empirista de David Hume. Sin embargo, a pesar de la alergia orwelliana por la sintaxis de los tratados filosóficos, mantuvo cordiales relaciones con dos de los filósofos contemporáneos que, junto con Wittgenstein, más se ocuparon de la relación entre pensamiento y lenguaje: Alfred J. Ayer y Bertrand Russell. Con Ayer, el autor del influyente *Lenguaje, verdad y lógica* (1936), coincidió en París en 1945, y su relación fue de profunda simpatía mutua. Ayer decía de Orwell que era uno de esos tipos que te producen un curioso sentimiento: «Si notas que les caes bien, te sientes mejor persona». El filósofo debía intuir que la obra de Orwell y su idea de que cualquier escritor tiene la obligación moral de remitirse a los hechos, podría ser un claro ejemplo del positivismo lógico, su escuela de pensamiento. El principio de significado, que según Ayer debe basarse en la verificación para establecer la verdad, es esencial para entender la permanencia y el valor testimonial de un libro como *Homenaje a Cataluña*. En cuanto al otro filósofo contemporáneo, Bertrand Russell, autor de referencia en la filosofía del lenguaje, fue de los primeros que supo leer *Mil novecientos ochenta y cuatro* en la tradición de la sátira política, es decir, como una advertencia y no como una profecía. Conociendo la admiración de Russell por la obra de Orwell, el *New York Times* le encargó, en 1956, una valoración de la novela en relación con el rumbo que tomaban las cosas en plena Guerra Fría. En sus reflexiones («Symptoms of Orwell's *1984*»), el filósofo no se olvidó de las técnicas del senador McCarthy, por supuesto, tampoco de resumir en una máxima el legado de Orwell en relación con la verdad y la posverdad: «La verdad es una cosa y la "verdad oficial" es otra cosa». Russell recordaba que el miedo condicionaba la libertad de expresión y que la práctica política del momento se acercaba a los conceptos orwellianos de «doblehablar» y «doblepensar».

Los diez ensayos que se agrupan en este volumen recogen las reflexiones de Orwell sobre los usos perversos del lenguaje político en un recorrido que va de sus impresiones de la Guerra Civil española a la publicación de *Mil novecientos ochenta y cuatro*. Desenmascarar la función del lenguaje como recurso clave en la implantación de los sistemas totalitarios fue una preocupación central durante la última década de la vida del escritor. Los textos se han ordenado cronológicamente por fecha de aparición. Orwell los redactó para diversos tipos de publicaciones periódicas y teniendo en mente a sus respectivos (a menudo reducidos) círculos de lectores y sin pensar, desde luego, que fueran a ser leídos —o a soportar el escrutinio— en el siglo XXI como obras de un escritor de renombre universal. En vida del autor, los artículos fueron poco más que un instrumento de efectos limitados para proyectar su presencia en la «esfera pública» y participar en los debates políticos y culturales de su tiempo. Deben entenderse como observaciones, pruebas (ensayos) de naturaleza especulativa, que le servían para elaborar ideas que acabarían tomando cuerpo en obras de mayor envergadura. En estos ejercicios periodísticos desarrolló sus capacidades para la polémica y el uso de una prosa, tan clara como provocativa, al servicio de su inteligencia combativa. Vistos en conjunto, o agrupados temáticamente como en este volumen, son muchos los que consideran los ensayos de Orwell su registro literario más perdurable.

«Descubriendo el pastel español» fue el primer intento del miliciano recién llegado de España (mientras iba trabajando en el manuscrito de *Homenaje a Cataluña*) de divulgar la verdad ocultada sobre los hechos que acababa de vivir en Barcelona, el inicio de una cruzada personal para desafiar la versión «autorizada» de los hechos que reproducía la prensa comunista y liberal en Gran Bretaña. Orwell argumenta que los métodos de distorsión de la prensa de izquierdas resultan mucho más sutiles que las alucinadas exageraciones de la prensa profascista y que cualquiera que intente contar algunas verdades sobre la situación en España (por ejemplo que «los presos que están ahora en las cárceles no son fascistas, sino revolucionarios») será rápidamente acusado de hacer el juego a la propaganda fascista.

A pesar de no ser uno de sus ensayos más brillantes, «Palabras nuevas» se incluye aquí como ejemplo de su obsesión por las limitaciones del lenguaje como instrumento del pensamiento y de cómo encontrar palabras que doten de una «existencia objetiva» a nuestra capacidad de pensar. En esta divagación que, admite Orwell, tiene «cabos sueltos» y bastantes «obviedades» late, sin embargo, la profunda admiración que sentía por los experimentos lingüísticos y narrativos de James Joyce; un aspecto revelador de las preocupaciones estilísticas de Orwell, con demasiada frecuencia percibido como un escritor interesado solo en transmitir intencionalidad política.

Justo antes de tomar el tren de noche que le llevaría de París a Barcelona, en la navidades de 1936, Orwell visitó a Henry Miller. Los dos escritores estaban en las antípodas en sus posiciones políticas, pero se profesaban admiración mutua. A Miller le había entusiasmado el primer libro de Orwell, *Sin blanca en París y Londres*. Alarmado ante el viaje que iba a emprender, el estadounidense intentó disuadirlo convencido como estaba de que el acto de un individuo no iba a cambiar «el destino fatal de la historia». ¿A qué iba Orwell en España? El inglés le contestó llanamente: «A matar fascistas». ¿Para qué si no se alistaba uno al ejército republicano? Cosas de *boy scout*, razonó Miller, un acto idiota. Orwell replicó con vehemencia que se trataba de asegurar que hubiera un futuro para escritores como ellos. Si el fascismo se imponía no habría jamás libertad de expresión ni espacio para la literatura. Abrumado ante su tozuda determinación, Miller le regaló un abrigo de pana como su «contribución a la causa republicana». El secretario de Miller que relató el encuentro, Alfred Perlès, matizó que el detalle no respondía a ninguna afinidad política, era un gesto solidario con un compañero escritor. No es seguro que Orwell matara a ningún fascista en España, pero la imperiosa necesidad de la libertad de expresión para combatir la tentación totalitaria fue ciertamente su lucha durante años.

Orwell explora desde distintas perspectivas las tensiones entre literatura y poder político, entre libertad y censura, en ensayos como «Literatura y totalitarismo», «La destrucción de la literatura», «Los escritores y el Leviatán». En todos resuenan las mismas preguntas: ¿Es compatible la militancia política con la integridad literaria? Si se impone el totalitarismo, ¿puede sobrevivir la literatura? El resto de ensayos («Lenguaje panfletario», «Propaganda y lenguaje popular», «La política y la lengua inglesa», «Delante de las narices») forman el grueso de sus reflexiones en torno al uso del lenguaje con evidentes objetivos políticos. Constituyen un conjunto de advertencias sobre nuestra tendencia a utilizar y aceptar tópicos, eufemismos y metáforas muertas por pereza intelectual. Orwell es consciente del poder hipnótico de las palabras y de cómo se apoderan de nuestro pasivo pensamiento. El resultado final es el empobrecimiento de la lengua (inglesa, en su caso) y la anulación de la capacidad crítica. La naturaleza de este círculo vicioso la describió el mismo Orwell con su habitual y vigorosa eficacia:

> Un hombre puede darse a la bebida porque se considere un fracasado, y fracasar entonces aún más porque se ha dado a la bebida. Algo parecido está ocurriendo con la lengua inglesa. Se vuelve fea e inexacta porque nuestros pensamientos rayan en la estupidez, pero el desaliño de nuestro lenguaje nos facilita caer en esos pensamientos estúpidos.

La cita proviene de uno de los más conocidos ensayos del autor, «La política y la lengua inglesa», en el que ofrece seis normas para que cualquiera que se ponga a escribir pueda controlar la inercia de usar frases prefabricadas, mantenga la autocrítica y no caiga en la tentación del lenguaje pretencioso.

La antología se cierra con el apéndice de *Mil novecientos ochenta y cuatro,* que Orwell tituló «Principios de nuevalengua», un texto que es parte consustancial de la novela. De alguna manera, en esta ficción novelística están contenidos la mayoría de aspectos sobre lenguaje y verdad apuntados en los ensayos precedentes. Algunos piensan que la nuevalengua de Orwell se ha convertido en el lenguaje político estándar del siglo XXI. Es evidente que el peligro está ahí, pero los que leemos la novela en la tradición del género satírico creemos que, en su misma composición, Orwell —el hombre consciente de los horrores del poder absoluto, pero siempre el humanista irreductible— insinúa que un proyecto tan grotesco de destrucción de la capacidad crítica de la mente humana siempre encontrará resistencia. Quizá por eso los redactores de la nueva lengua oficial de Oceanía se curan en salud y auguran que las adaptaciones a los nuevos códigos lingüísticos de las obras de Shakespeare y compañía solo serán posibles en «una fecha tan lejana como el año 2050».

Orwell no era un genio ni era un santo, pero su posición moral ante la verdad ilumina todavía —en tiempos de Trump— la relación que la honestidad intelectual debe mantener con la acción política. El conjunto de ensayos agrupados en este volumen dan fe de ese compromiso. A menudo se elaboran complejos discursos retóricos o tediosas disquisiciones ideológicas sobre determinados hechos analizados desde la distancia. A

Orwell este tipo de ejercicio siempre le resultó
sospechoso. Lo manifiesta con una de sus clásicas
sentencias hiperbólicas en la primera frase de una
reseña de la traducción al inglés de «La España
invertebrada» de Ortega y Gasset: «Existe una manera de evitar los pensamientos y consiste en pensar con demasiada profundidad». El texto es de 1937
y en él resuenan sus críticas a la posición de la
*intelligentsia* británica en relación con la guerra de
España. Con afirmaciones provocativas de este
tipo, Orwell apelaba a la necesidad de empezar
por los hechos, por una verdad sin «hechos alternativos», por asumir el ejercicio mucho más mo-
desto (y mucho más ambicioso) que lleva implícita esa advertencia que incluyó en *Homenaje a
Cataluña*:

> Repito que quien no esté interesado en la
> controversia política y en la multitud de partidos
> y grupúsculos de nombre confuso […] puede sal-
> tarse este capítulo. Es horrible tener que entrar
> en los detalles de la polémica entre partidos, casi
> como bucear en un pozo negro. Pero también es
> necesario tratar de establecer la verdad en la me-
> dida de lo posible. Esta trifulca insignificante que
> se produjo en una ciudad lejana es más importan-
> te de lo que parece a primera vista. […] Los fu-
> turos historiadores contarán solo con una mon-
> taña de acusaciones y con la propaganda de los

partidos. Yo mismo cuento con muy pocos datos aparte de lo que vi con mis propios ojos y de lo que he sabido por otros testigos a los que considero fiables. No obstante, sí puedo rebatir algunas de las mentiras más flagrantes y ayudar a ver el asunto con cierta perspectiva.

Más allá de su preocupación por la estética y la eficacia narrativa, Orwell siempre entendió que la integridad intelectual conllevaba el «tedioso» asunto de establecer la verdad en la medida de lo posible. Esta posición le pareció consustancial a cualquier programa político de su tiempo. No parece aventurado afirmar que sigue siendo deseable, acaso urgente, en nuestros días.

Miquel Berga
Universitat Pompeu Fabra

# 1

## Descubriendo el pastel español

I

Es probable que la guerra española haya producido
una cosecha de mentiras más abundante que cualquier otro suceso desde la Gran Guerra de 1914-
1918, pero dudo sinceramente, a pesar de todas
esas hecatombes de monjas violadas y sacrificadas
ante los ojos de los reporteros del *Daily Mail*, que
sean los periódicos profascistas los que hayan cau-
sado el mayor daño. Son los periódicos de izquierdas, el *News Chronicle* y el *Daily Worker*, con unos
métodos de distorsión mucho más sutiles, los que
han impedido que el público británico comprenda
la verdadera naturaleza de la contienda.

El hecho que estos periódicos han ocultado
con tanto esmero es que el gobierno español (incluido el gobierno semiautónomo catalán) le tiene
mucho más miedo a la revolución que a los fascistas. Ahora parece ya casi seguro que la guerra
terminará con algún tipo de pacto, y existen in-

cluso motivos para dudar que el gobierno, que dejó
caer Bilbao sin mover un dedo, quiera salir demasiado victorioso; pero no cabe ninguna duda acerca de la minuciosidad con la que está aplastando
a sus propios revolucionarios. Desde hace algún
tiempo, un régimen de terror —la supresión for-
zosa de los partidos políticos, la censura asfixiante
de la prensa, el espionaje incesante y los encarce-
lamientos masivos sin juicio previo— ha ido im-
poniéndose. Cuando dejé Barcelona a finales de
junio, las prisiones estaban atestadas; de hecho, las
cárceles corrientes estaban desbordadas desde hacía mucho, y los prisioneros se apiñaban en tiendas
vacías y en cualquier otro cuchitril provisional que
pudiera encontrarse para ellos. Pero la clave aquí
es que los presos que están ahora en las cárceles
no son fascistas, sino revolucionarios; que no están
ahí porque sus opiniones se sitúen demasiado a la
derecha, sino porque se sitúan demasiado a la izquierda. Y los responsables de haberlos recluido
ahí son esos terribles revolucionarios ante cuyo
nombre James Louis Garvin tiembla como un flan:
los comunistas.

Mientras tanto, la guerra contra Franco continúa, aunque, con la excepción de esos pobres
diablos que están en las trincheras del frente, nadie
en el gobierno de España la considera la guerra de
verdad. La verdadera lucha es entre la revolución
y la contrarrevolución, entre los obreros que tra-

tan en vano de mantener algo de lo que conquistaron en 1936 y el bloque liberal-comunista, que con tanto éxito está logrando arrebatárselo. Es una lástima que en Inglaterra haya todavía tan poca gente al corriente de que el comunismo es ahora una fuerza contrarrevolucionaria, de que los comunistas están aliados en todas partes con el reformismo burgués y usando al completo su poderosa maquinaria para aplastar o desacreditar a cualquier partido que muestre indicios de tendencias revolucionarias. De ahí que resulte grotesco ver que los comunistas son tildados de «rojos» malvados por los intelectuales de la derecha, que están en esencia de acuerdo con ellos. El señor Wyndham Lewis, por ejemplo, tendría que adorar a los comunistas, al menos durante un tiempo. En España, la alianza liberal-comunista ha resultado victoriosa casi por completo. De todas las conquistas que alcanzaron los obreros españoles en 1936 no queda nada firme, al margen de un puñado de granjas colectivas y una cierta extensión de tierras de las que los campesinos se apoderaron el año pasado; y es de suponer que hasta esto será sacrificado con el tiempo, cuando ya no haya ninguna necesidad de aplacarlos. Para entender cómo surgió la situación actual, hay que volver la vista hacia los orígenes de la Guerra Civil.

La tentativa de Franco de hacerse con el poder difiere de las de Hitler o Mussolini, por cuanto se trató de una insurrección militar, comparable a una invasión extranjera, y por tanto no contaba con demasiado apoyo popular, si bien desde entonces Franco ha tratado de hacerse con él. Sus principales partidarios, aparte de ciertos sectores de las grandes empresas, eran la aristocracia terrateniente y la Iglesia, enorme y parásita. Evidentemente, un levantamiento de este tipo alinea en su contra fuerzas diversas que no están de acuerdo en ningún otro punto. El campesino y el obrero odian el feudalismo y el clericalismo, pero también los odia el burgués «liberal», que no es contrario en lo más mínimo a una versión algo más moderna del fascismo, al menos siempre y cuando no se lo llame así. El burgués «liberal» es genuinamente liberal hasta el momento en que deja de convenirle según sus intereses. Defiende ese grado de progreso al que apunta la expresión «la carrière ouverte aux talents», pues, claramente, no tiene ninguna oportunidad de desarrollarse en una sociedad feudal donde el obrero y el campesino son demasiado pobres para comprar bienes, donde la industria está lastrada por impuestos enormes con que pagar las sotanas de los obispos, y donde todo puesto lucrativo se le concede de forma sistemática al amigo del catamito del hijo ilegítimo del duque. Así pues, frente a un reaccionario tan flagrante como Franco, se consigue durante un tiempo una situación en que el obrero y el burgués, en realidad enemigos mortales, combaten codo con codo. A esta alianza precaria se la conoce como Frente Popular (o, en la prensa comunista, para otorgarle un atractivo espuriamente democrático, Frente del Pueblo). Es una combinación con más o menos la misma vitalidad, y más o menos el mismo derecho a existir, que un cerdo con dos cabezas o alguna otra de esas monstruosidades del circo de Barnum & Bailey.

Ante cualquier emergencia seria, la contradicción implícita existente en el Frente Popular se hará notar forzosamente, pues, aunque el obrero y el burgués luchan ambos contra el fascismo, no lo hacen con el mismo objetivo: el burgués está luchando por la democracia burguesa, esto es, el capitalismo, y el obrero, en la medida en que comprende el asunto, lo hace por el socialismo. Y en los primeros días de la revolución, los obreros españoles comprendían muy bien el asunto. En las zonas donde el fascismo fue derrotado, no se contentaron con expulsar de las ciudades a los soldados rebeldes, también aprovecharon la oportunidad de apoderarse de las tierras y las fábricas y de sentar a grandes rasgos las bases de un gobierno obrero por medio de comités locales, milicias obreras, fuerzas policiales y demás. Cometieron el error, sin embargo (posiblemente porque la mayoría de los revolucionarios activos eran anarquistas que desconfiaban de cualquier parlamento), de dejar el control nominal en manos del gobierno republicano. Y a pesar de los diversos cambios de personal, todos los gobiernos posteriores han tenido prácticamente el mismo carácter reformista burgués. Al principio, no pareció importar, porque el gobierno, en particular en Cataluña, apenas tenía poder, y los burgueses debían mantenerse agazapados o incluso (esto seguía sucediendo cuando llegué a España en diciembre) hacerse pasar por obreros. Más tarde, cuando el poder se les escurrió de las manos a los anarquistas y pasó a las de los comunistas y los socialistas de derechas, el gobierno fue capaz de reafirmarse, los burgueses salieron de su escondite y la antigua división social entre ricos y pobres reapareció, sin grandes cambios. De ahí en adelante, todo movimiento, salvo unos pocos, dictados por la emergencia militar, se ha encaminado a deshacer el trabajo de los primeros meses de revolución. De todos los ejemplos que podría escoger, citaré solo uno: la disolución de las viejas milicias obreras —que estaban organizadas con un sistema genuinamente democrático y en las que los oficiales y los hombres cobraban la misma paga y se mezclaban en pie de igualdad— y su sustitución por el Ejército Popular (de nuevo, en la jerga comunista, el «Ejército del Pueblo»), estructurado en todo lo posible a la manera de un ejército burgués convencional, con una casta privilegiada de oficiales, diferencias inmensas en la paga, etcétera,

etcétera. Ni que decir tiene que esto se presenta como una necesidad militar, y casi seguro que contribuye a la eficiencia militar, al menos por un corto periodo de tiempo. Pero el propósito indudable de este cambio fue asestarle un golpe al igualitarismo. Se ha seguido la misma política en cada departamento, con el resultado de que, tan solo un año después del estallido de la guerra y la revolución, lo que tenemos aquí es en la práctica un Estado burgués convencional, con el añadido de un régimen del terror con el que preservar el *statu quo*.

Este proceso quizá no habría llegado tan lejos si la lucha se hubiera desarrollado sin injerencias extranjeras. Pero la debilidad militar del gobierno hizo que fuera imposible. Frente a los mercenarios extranjeros de Franco, se vio obligado a recurrir a Rusia en busca de ayuda, y aunque se ha exagerado enormemente la cantidad de armas suministradas por esta (en los tres primeros meses que pasé en España solo vi un arma rusa, una solitaria ametralladora), el simple hecho de su llegada llevó a los comunistas al poder. Para empezar, los aviones y cañones rusos así como las buenas cualidades militares de las Brigadas Internacionales (no necesariamente comunistas, aunque bajo control comunista) elevaron en gran medida el prestigio comunista. Pero, lo que es más importante, dado que Rusia y México eran los únicos países que suministraban armas de forma pública, los rusos consiguieron no solo obtener dinero a cambio de su armamento, sino también imponer por la fuerza cierta condición; por decirlo sin tapujos, esta era: «Aplastad la revolución o no recibiréis más armas». La razón que suele esgrimirse para explicar la actitud de los rusos es que, si daba la impresión de estar incitando a la revolución, el pacto franco-soviético (y la esperada alianza con el Reino Unido) correría peligro; es posible también que el espectáculo de una auténtica revolución en España suscitara ecos indeseados en Rusia. Los comunistas, claro está, niegan que el gobierno ruso haya ejercido cualquier presión directa. Pero esto, incluso si fuera cierto, es prácticamente irrelevante, ya que puede considerarse que los partidos comunistas de todos los países están llevando a cabo políticas rusas; y no cabe duda de que el Partido Comunista español, junto con los socialistas de derechas bajo su control y con la prensa comunista del mundo entero, ha aplicado toda su inmensa y creciente influencia en el bando de la contrarrevolución.

II

En la primera mitad de este artículo sugería que la auténtica lucha en España, en el bando del gobierno, ha sido entre la revolución y la contrarrevolución; que el gobierno, si bien bastante preocupado por evitar una derrota a manos de Franco, se ha preocupado aún más de revertir los cambios revolucionarios que habían acompañado el estallido de la guerra.

Cualquier comunista rechazaría esta insinuación y la tacharía de errónea o de deliberadamente falsa. Afirmaría que es un disparate decir que el gobierno español esté aplastando la revolución, porque la revolución nunca tuvo lugar, y que nuestra tarea ahora es derrotar al fascismo y defender la democracia. Y es de suma importancia ver en esta conexión el modo en que funciona la propaganda comunista antirrevolucionaria. Es un error pensar que no tiene ninguna relevancia en Inglaterra, donde el Partido Comunista es pequeño y relativamente débil. Veremos bastante rápido la relevancia que tiene si Inglaterra establece una alianza con la URSS; o quizá incluso antes, pues la influencia del Partido Comunista está destinada a incrementarse —lo está haciendo a ojos vistas— a medida que cada vez más capitalistas se den cuenta de que el comunismo moderno está jugando a su mismo juego.

En términos generales, la propaganda comunista se sustenta en el terror que infunde en la gente en relación con los horrores (por entero reales) del fascismo. Y transmite, además, la falsa impresión —no a las claras, pero sí implícitamente— de que el fascismo no tiene nada que ver con el capitalismo. El fascismo no es más que una especie de maldad sin sentido, una aberración, un «sadismo de masas», el tipo de cosa que ocurriría si dejásemos de pronto sueltos a todos los maníacos homicidas de un manicomio. Presentando el fascismo de este modo, podemos movilizar a la opinión pública en su contra, al menos por un tiempo, sin provocar un movimiento revolucionario. Podemos enfrentarnos al fascismo con la «democracia» burguesa, es decir, el capitalismo; pero, mientras tanto, tenemos que deshacernos de ese individuo fastidioso que señala que el fascismo y la «democracia» burguesa son Tweedledum y Tweedledee. Al principio esto lo hacemos llamándolo «iluso visionario». Le decimos que está embrollando el asunto, que está dividiendo a las fuerzas antifascistas, que no es momento de palabrería revolucionaria, que por ahora tenemos que luchar contra el fascismo sin plantear demasiadas preguntas sobre para qué estamos luchando. Tiempo después, si sigue negándose a cerrar la boca, subimos el tono y lo llamamos «traidor». Más exactamente, lo llamamos «trotskista».

¿Y qué es un trotskista? Esta palabra terrible —en estos momentos, en España pueden encarcelarte y dejarte ahí encerrado indefinidamente, sin juicio, si corre el simple rumor de que eres un trotskista— apenas está empezando a circular aquí y allá en Inglaterra. La oiremos más a menudo dentro de un tiempo. El término «trotskista» (o «trotskista-fascista») se usa por lo general para referirse a un fascista camuflado que se hace pasar por ultrarrevolucionario con el fin de dividir a las fuerzas de izquierdas. Su peculiar poder lo extrae del hecho de que significa tres cosas distintas. Puede referirse a alguien que, como Trotski, desea una revolución mundial; o a un miembro de la propia organización encabezada por Trotski (el único uso legítimo del término); o al fascista camuflado que mencionábamos antes. Los tres significados pueden solaparse el uno sobre el otro a voluntad. El significado número 1 puede o no conllevar el significado número 2, y el significado número 2 conlleva casi invariablemente el significado número 3. Así pues: «A XY se le ha oído hablar favorablemente de la revolución mundial; por tanto es trotskista y por consiguiente fascista». En España, y en cierta medida incluso en Inglaterra, cualquiera que profese el socialismo revolucionario (esto es, que profese los ideales que el Partido Comunista defendía hasta hace pocos años) está bajo sospecha de ser un trotskista a sueldo de Franco o de Hitler.

La acusación es muy astuta, porque en cualquier caso determinado, a no ser que uno por casualidad sepa lo contrario, podría ser cierta. Un espía fascista probablemente se haría pasar por revolucionario. En España, antes o después se descubre que cualquiera cuyas opiniones estén a la izquierda de las del Partido Comunista es un trotskista o, como mínimo, un traidor. En los inicios de la guerra, el POUM, un partido comunista opositor que se correspondería más o menos con el Partido Laborista Independiente inglés, estaba aceptado, y contribuyó con un ministro al gobierno catalán; más tarde dicha organización fue expulsada del gobierno, luego se denunció que era trotskista y finalmente fue suprimida, y todos los miembros que cayeron en manos de la policía acabaron en la cárcel.

Hasta hace pocos meses se decía que los anarcosindicalistas «trabajaban lealmente» junto a los comunistas. Entonces fueron expulsados del gobierno y luego pareció que no estaban trabajando tan lealmente; ahora están en proceso de convertirse en traidores. Después de eso les llegará el turno a los socialistas de izquierdas. Largo Caballero, socialista de izquierdas y presidente del gobierno hasta mayo de 1937, ídolo de la prensa comunista, está ya en las «tinieblas de afuera», tachado de «trotskista» y «enemigo del pueblo». Y así prosigue el juego. El final lógico es un régimen en el que se elimine cualquier partido y periódico opositor, y en el que todo disidente de cierta importancia acabe en la cárcel. Por descontado, un régimen semejante será fascista. No será igual que el fascismo que impondría Franco; será incluso mejor que su fascismo, hasta el punto de que valdrá la pena luchar por él, pero será fascismo. Solo que, al estar dirigido por comunistas y liberales, lo llamarán otra cosa.

Mientras tanto, ¿puede ganarse la guerra? La influencia comunista ha ido en detrimento del caos revolucionario y, por tanto, aparte de la ayuda rusa, ha tendido a aumentar la eficiencia militar. Si los anarquistas salvaron al gobierno entre agosto y octubre de 1936, los comunistas lo han hecho de octubre en adelante. Pero al organizar la defensa han logrado ahogar el entusiasmo (dentro de España, no fuera). Hicieron posible un ejército militarizado de reclutamiento obligatorio, pero también lo han vuelto necesario. Es significativo que, ya en enero de este año, la incorporación voluntaria a filas prácticamente se haya detenido. Un ejército revolucionario puede ganar algunas veces por medio del entusiasmo, pero un ejército de reclutamiento obligatorio tiene que ganar por medio de las armas, y es poco probable que el gobierno tenga algún día una amplia preponderancia en este aspecto a no ser que Francia intervenga o Alemania e Italia decidan largarse con las colonias españolas y dejar a Franco en la estacada. En definitiva, un punto muerto parece lo más probable.

¿Y tiene el gobierno intenciones serias de ganar? No tiene la intención de perder, eso es seguro. Por otro lado, una victoria sin paliativos, con Franco a la fuga y los alemanes e italianos arrojados al mar, generaría problemas difíciles, algunos demasiado obvios para que haya necesidad de mencionarlos. No hay pruebas palpables, y uno solo puede juzgar en función del resultado final, pero sospecho que lo que trata de conseguir el gobierno es un pacto en el que en esencia persistiría la situación de la guerra. Todas las profecías se equivocan y, por tanto, esta también lo estará, pero me arriesgaré y diré que, aunque la guerra tal vez acabe pronto o acaso se prolongue durante años, terminará con una España dividida, ya sea por fronteras reales o en zonas económicas. Por descontado, un pacto como este sería reivindicado como una victoria por alguno de los bandos, o por ambos.

Todo lo que he dicho en este artículo parecería por completo una obviedad en España, e incluso en Francia. Sin embargo, en Inglaterra, a pesar del profundo interés que ha suscitado la guerra española, hay muy poca gente que haya oído siquiera hablar de la batalla enorme que está teniendo lugar tras las líneas gubernamentales. Esto, por supuesto, no es casual. Ha habido una conspiración deliberada (podría dar ejemplos detallados) para evitar que se comprenda la situación de España. Personas de las que cabría esperar mejor criterio se han prestado al engaño sobre la base de que si uno cuenta la verdad sobre España se usará como propaganda fascista.

Es fácil ver adónde conduce esta cobardía. Si el público británico hubiese recibido información verídica acerca de la guerra española, habría tenido la oportunidad de entender qué es el fascismo y cómo se lo puede combatir. Tal y como están las cosas, la versión del fascismo que da el *News Chronicle*, una especie de manía homicida propia del coronel Blimp* zumbando en el vacío económico, ha quedado asentada con más firmeza que nunca. Y, así, estamos un paso más cerca de la gran guerra «contra el fascismo» (cf. 1914, «contra el militarismo»), que permitirá que nos pongan el fascismo, en su variante británica, cual soga al cuello en la primera semana.

*New English Weekly*,
29 de julio y 2 de septiembre de 1937

---

\* El coronel Blimp, protagonista de una tira cómica que se publicó durante los años treinta y cuarenta, personificaba las actitudes reaccionarias y antidemocráticas de cierto sector de la población británica de la época. *(N. de la T.)*

# 2

## Palabras nuevas

Hoy en día la formación de palabras nuevas es un proceso lento (he leído en alguna parte que el inglés gana unas seis palabras y pierde unas cuatro al año), y no se acuña ningún vocablo nuevo de forma intencionada salvo si es el nombre de un objeto material. Nunca se acuñan términos abstractos, aunque a veces se distorsionan palabras antiguas (como «condición», «reflejo», etcétera) para adoptar nuevos significados con finalidades científicas. Lo que voy a proponer aquí es que sería bastante factible inventar un vocabulario, quizá de unos cuantos miles de palabras, que abordara partes de nuestra experiencia que son ahora mismo prácticamente inmanejables para el lenguaje. Hay diversas objeciones obvias a esta idea, y me ocuparé de ellas a medida que surjan. El primer paso es indicar el tipo de finalidad para la que son necesarias esas nuevas palabras.

Cualquiera que piense un poco se habrá dado cuenta de que nuestro lenguaje es prácticamente inservible a la hora de describir cualquier cosa que ocurra dentro del cerebro. Es algo aceptado de forma tan amplia que escritores de gran destreza (como Trollope y Mark Twain) comienzan sus autobiografías afirmando que no pretenden describir su vida interior porque esta es por naturaleza indescriptible. De modo que, tan pronto como nos enfrentamos a cualquier cosa que no sea concreta o visible (e, incluso ahí, hasta cierto punto; pensemos en la dificultad de describir la apariencia de alguien), nos encontramos con que las palabras no se parecen más a la realidad de lo que las piezas de ajedrez se asemejan a los seres vivos. Por poner un ejemplo obvio que no suscite cuestiones secundarias, pensemos en los sueños. ¿Cómo describes un sueño? Está claro que nunca lo haces, porque no existen palabras en nuestro lenguaje que transmitan la atmósfera de los sueños. Por descontado, puedes esbozar muy por encima los principales sucesos del sueño. Puedes decir: «Soñé que bajaba por Regent Street con un puercoespín que llevaba un sombrero hongo», etcétera. Pero esta no es una verdadera descripción del sueño. E incluso si un psicólogo lo interpreta en clave de «símbolos», se basa en gran medida en conjeturas, pues la cualidad real del sueño, esa cualidad que otorgaba al puercoespín una relevancia única, está fuera del dominio de las palabras. De hecho, describir un sueño es como traducir un poema al lenguaje de las chuletas de Bohn:* una paráfrasis que carece de sentido a no ser que uno conozca el original.

He escogido el ejemplo de los sueños porque es irrebatible, aunque si solo los sueños fueran indescriptibles, quizá no valdría la pena darle vueltas al asunto. Sin embargo, como se ha señalado una y otra vez, la mente en estado de vigilia no es tan diferente como parece, o como nos gusta hacer creer, de la mente durante el sueño. Es cierto que la mayoría de nuestros pensamientos conscientes son «razonables»; es decir, en nuestra mente existe una especie de tablero de ajedrez en el que los pensamientos se mueven lógica y verbalmente. Empleamos esta parte de nuestra mente para cualquier problema intelectual básico, y adquirimos la costumbre de pensar (esto es, de pensar en nuestros momentos ajedrecísticos) que eso es toda la mente. Pero, obviamente, no lo es. El mundo desordenado y no verbal de los sueños nunca se ausenta del todo de nuestra mente, y si fuera posible efectuar algún cálculo, me atrevería a decir que nos encontraríamos con que la mitad del volumen de

* Las «chuletas» de Henry George Bohn (1796-1884) eran traducciones extremadamente baratas de clásicos grecolatinos. Aunque las universidades no las reconocían, ya que la traducción del texto era tan literal que resultaba prácticamente incomprensible, los estudiantes las usaban ilícitamente de todas formas. *(N. de la T.)*

nuestros pensamientos conscientes es de este orden. No cabe duda de que los pensamientos oníricos intervienen incluso cuando tratamos de pensar verbalmente, influyen en nuestros pensamientos verbales y son en gran medida ellos los que hacen que nuestra vida interior sea valiosa. Examinemos nuestros pensamientos en cualquier momento escogido al azar. El movimiento principal será una corriente de cosas difusas; tan difusas que uno apenas sabe si llamarlas «pensamientos», «imágenes» o «sensaciones». En primer lugar están los objetos que vemos y los sonidos que oímos, que son en sí mismos describibles, pero tan pronto como entran en nuestra mente se convierten en algo completamente diferente y del todo indescriptible.\* Y, además de esto, está la vida onírica que nuestra mente crea sin cesar por sí misma; y aunque en su mayor parte es trivial y pronto la olvidamos, contiene cosas más hermosas, divertidas, etcétera, que cualquier otra que pueda describirse jamás con palabras. En cierto modo, esta parte no verbal de nuestra mente es incluso la más

---

\* «The mind, that Ocean where each kind / Doth straight its own resemblance find; / Yet it creates, transcending these, / Far other worlds, and other seas...» [«La mente, ese océano en el que cada especie de inmediato a su igual encuentra. Y aun así crea, trascendiéndolos, muchos otros mundos y otros mares...».] (Extraído de Andew Marvell, «The Garden», vv. 43-46). *(N. del A.)*

importante, ya que es la fuente de prácticamente todos los «motivos». Todas las preferencias y aversiones, todos los sentimientos estéticos, todas las nociones de lo que está bien y lo que está mal (las consideraciones estéticas y morales son siempre inextricables) manan de sentimientos que son —está generalmente aceptado— más sutiles que las palabras. Cuando alguien nos pregunta: «¿Por qué haces o no haces esto y lo otro?», nos damos cuenta invariablemente de que nuestras razones reales no podrán ponerse en palabras, aun cuando no tengamos deseo alguno de encubrirlas, de modo que racionalizamos nuestra conducta, con mayor o menor deshonestidad. No sé si todo el mundo lo reconocería, y es un hecho que muchos parecen ignorar que están influenciados por su vida interior, o incluso que tienen vida interior. Me he dado cuenta de que mucha gente nunca se ríe estando sola, y supongo que si un hombre no se ríe cuando está solo su vida interior debe de ser relativamente estéril. Aun así, todo individuo tiene una vida interior, y es consciente de la imposibilidad práctica de comprender a los otros o de ser comprendido; consciente, en general, del aislamiento cósmico en el que vivimos los seres humanos. Casi toda la literatura es un intento de escapar de este aislamiento por vías indirectas, pues las vías directas (las palabras en sus significados primarios) son prácticamente inservibles.

La escritura «imaginativa» es, como si dijéramos, un ataque por el flanco contra posiciones que resultan inexpugnables desde el frente. Un autor que intente escribir algo que no sea fríamente «intelectual» puede hacer bien poco con las palabras en sus significados primarios. Consigue producir su efecto, si lo consigue, utilizando los vocablos de un modo astuto e indirecto, apoyándose en las cadencias y demás, como se apoyaría al hablar en el tono y los gestos. En el caso de la poesía, se trata de algo demasiado consabido para que merezca la pena discutirlo. Nadie con el mínimo entendimiento de poesía supondrá que

*Resistió la mortal luna su eclipse*
*y los tristes augures se burlan de su propio presagio**

significa realmente lo que sus palabras «significan» según el diccionario. (Se dice que este par de versos hacen referencia a la reina Isabel, que superó sin percances su gran climaterio.) El significado del diccionario tiene, casi siempre, algo que ver con el significado real, pero no más de lo que la «anécdota» de un cuadro tiene que ver con su plasmación. Y lo mismo ocurre, *mutatis mutandis*, con la prosa. Pensemos en una novela, aunque sea

* «The mortal moon hath her eclipse endured, / And the sad augurs mock their own presage.»

44

una que no tenga en apariencia nada que ver con la vida interior, lo que se llama una «historia realista». Pensemos en *Manon Lescaut*. ¿Por qué inventa el autor esta larga peripecia sobre una chica infiel y un abate a la fuga? Porque tiene un sentimiento, una visión determinada o como se lo quiera llamar, y sabe, posiblemente tras cierta experimentación, que es inútil tratar de transmitir esa visión describiéndola como uno describiría un cangrejo de río en un libro de zoología. Pero no describiéndola, inventando otra cosa (en este caso una novela picaresca; en otra época escogería un género diferente), es capaz de transmitirla, o de transmitir parte de ella. De hecho, el arte de la escritura consiste en gran medida en la perversión de las palabras, e incluso diría que, cuanto menos evidente es esta perversión, más exhaustivamente se ha llevado a cabo. Y es que un escritor que parece retorcer las palabras hasta deformar su significado (como Gerard Manley Hopkins) está en realidad, si uno presta atención, haciendo un intento desesperado de usarlas de un modo directo. En cambio, un escritor que no parece usar trucos de ningún tipo, como por ejemplo los antiguos autores de baladas, está lanzando un ataque especialmente sutil por el flanco; aunque, en el caso de los autores de romances, este es sin duda inconsciente. Por supuesto, se oye mucha monserga que viene a decir que todo el arte bueno es «objetivo» y que todo verdadero artista se guarda para sí su vida interior. Pero no es eso lo que quieren decir. Lo único que pretenden señalar es que quieren que esa vida interior se exprese por medio de un método excepcionalmente indirecto, como en las baladas o en las «historias realistas». El punto flaco de este método indirecto, aparte de su dificultad, es que acostumbra a fracasar. Para cualquiera que no sea un artista notable (y posiblemente también para el que lo sea), la torpeza de las palabras resulta en una constante falsificación. ¿Hay alguien que haya escrito jamás ni que sea una carta de amor con la que sintiera que había dicho exactamente lo que pretendía? Un escritor se falsea a sí mismo tanto intencionada como inintencionadamente. Intencionadamente, porque las cualidades imprevistas de las palabras no dejan de tentarlo y ahuyentarlo de lo que realmente quiere decir. Tiene una idea, comienza a intentar expresarla y entonces, en el caos terrible de palabras que por lo general se produce, empieza a formarse un patrón de manera más o menos accidental. No es en modo alguno el patrón que quiere el autor, pero al menos no es vulgar o desagradable; es «arte bueno». Y se lo queda, porque el «arte bueno» es un don más o menos misterioso caído del cielo, y parece una lástima desperdiciarlo cuando se manifiesta. Cualquiera con cierto grado de honestidad mental, ¿acaso no es consciente de que cuenta mentiras todo el día, tanto al hablar como al escribir, simplemente porque las mentiras encajan en una forma artística y la verdad no? Si las palabras representasen los significados con la plenitud y precisión con que la altura multiplicada por la base representa el área de un paralelogramo, al menos la necesidad de mentir no existiría. Y en la mente del que lee o escucha hay aún otras falsificaciones porque, como las palabras no son un canal directo de pensamiento, ve constantemente significados que no están ahí. Un buen ejemplo de ello es nuestra supuesta comprensión de la poesía extranjera. Sabemos, por aquellas historias de la Vie Amoureuse du Docteur Watson de los críticos extranjeros, que una verdadera comprensión de la literatura extranjera es casi imposible. Sin embargo, gente bastante inculta afirma extraer, y en efecto extrae, un placer enorme de la poesía en lenguas extranjeras e incluso muertas. Es evidente que el placer que obtienen quizá provenga de algo que el escritor nunca pretendió, algo que posiblemente lo haría revolcarse en su tumba si supiera que se lo han atribuido. Me digo a mí mismo «Vixi puellis nuper idoneus», y lo repito una y otra vez durante cinco minutos por la belleza de la palabra «idoneus». Aun así, teniendo en cuenta la brecha temporal y cultural, mi ignorancia del latín y el hecho de que nadie sabe siquiera cómo se pronunciaba, ¿es posible que el efecto del que estoy disfrutando sea el que buscaba Horacio? Es como si entrara en éxtasis ante la belleza de un cuadro, y todo por unas salpicaduras de pintura que cayeron por casualidad sobre el lienzo doscientos años después de que fuese pintado. Ojo, no estoy diciendo que el arte fuera a mejorar necesariamente si las palabras transmitieran el significado de forma más fiable. Por lo que yo sé, el arte prospera en la tosquedad y la ambigüedad del lenguaje. Solo estoy criticando las palabras en cuanto presuntos vehículos del pensamiento. Y me parece a mí que, desde el punto de vista de la exactitud y la expresividad, nuestro lenguaje se ha quedado en la Edad de Piedra.

La solución que propongo es inventar palabras nuevas con la misma intencionalidad con la que inventaríamos componentes nuevos para un motor de coche. Supongamos que existiera un vocabulario que expresara con precisión la vida de la mente, o gran parte de ella. Supongamos que no tuviésemos esa sensación sofocante de que la vida es inexpresable, que no tuviésemos que hacer triquiñuelas artísticas, que expresar lo que uno quiere decir fuese simplemente cuestión de escoger las palabras adecuadas y ponerlas en su sitio, como resolver una ecuación algebraica. Creo que las ventajas serían obvias. No lo es tanto, sin embargo, que sentarse y acuñar palabras de forma deliberada sea un procedimiento sensato. Antes de sugerir una manera con la que podrían acuñarse palabras satisfactorias, será mejor que aborde las objeciones que con seguridad surgirán.

Si le decimos a cualquier persona racional: «Vamos a crear una asociación para inventar palabras nuevas y más sutiles», en primer lugar objetará que es una idea de chiflado, y luego seguramente dirá que las palabras actuales, manejadas adecuadamente, pueden hacer frente a cualquier dificultad. (Esta última, claro está, no es más que una objeción teórica. En la práctica todo el mundo reconoce la insuficiencia del lenguaje; pensemos en expresiones como «No tengo palabras», «No fue lo que dijo, sino cómo lo dijo», etcétera.) Pero al final nos dará una respuesta del tipo: «No se pueden hacer las cosas de esa forma pedante. Los lenguajes solo pueden crecer lentamente, como flores; no se les puede hacer un apaño, como si fueran piezas de maquinaria. Cualquier lenguaje inventado carecerá de carácter y de vida, mira el esperanto, etcétera. Todo el significado de una palabra está en sus asociaciones, adquiridas poco a poco», etcétera.

En primer lugar, este argumento, como la mayoría de los argumentos que surgen cuando alguien propone cambiar algo, es una forma farragosa de decir que si las cosas son así es por algo: hasta ahora nunca nos hemos puesto a la tarea de crear palabras de forma intencionada, y todas las lenguas vivas han crecido lenta y erráticamente; *por tanto*, las lenguas no pueden crecer de otro modo. Hoy en día, cuando queremos decir algo que exceda el nivel de una definición geométrica, nos vemos obligados a hacer trucos de magia con los sonidos, las asociaciones, etcétera; *por tanto*, esta necesidad es inherente a la naturaleza de las palabras. El *non sequitur* es obvio. Y hay que tener en cuenta que cuando propongo acuñar palabras abstractas lo único que estoy proponiendo es una ampliación de la práctica actual. Porque ya acuñamos palabras concretas. Se inventan los aviones y las bicicletas, y nosotros inventamos nombres para ellos, que es lo natural. Está solo a un paso acuñar palabras para las cosas hoy en día sin nombre que existen en nuestra mente. Si me dicen: «¿Por qué no le cae bien el señor Smith?» y yo respondo: «Porque es un mentiroso, un cobarde, etcétera», es casi seguro que estoy dando los motivos equivocados. En mi mente la respuesta dice así: «Porque es un hombre...», siendo «...» algo que yo comprendo y que el otro también comprendería si pudiese decírselo. ¿Por qué no buscarle un nombre a «...»? La única dificultad es ponerse de acuerdo sobre qué estamos nombrando. Pero mucho antes de que surja esta dificultad, el hombre leído, racional, ya habrá reculado ante una idea tal como la de inventar palabras. Presentará argumentos como el que he mencionado más arriba, u otros más o menos desdeñosos o sofísticos. En realidad, todos estos argumentos son una farsa. El rechazo proviene de un instinto profundo e irracional, supersticioso en origen. Es el sentimiento de que cualquier acercamiento racional a las dificultades, cualquier intento de resolver los problemas de la vida como uno resolvería una ecuación, no nos lleva a ninguna parte; aún más, es decididamente arriesgado. Podemos ver esta idea expresada de un modo indirecto por doquier. Toda esa cháchara que oímos sobre nuestro genio nacional para «salir del paso», todo ese pantanoso misticismo ateo que se lanza contra cualquier fortaleza o solidez del intelecto, significan *au fond* que es más seguro no pensar. Este sentimiento nace, estoy seguro de ello, de la creencia común en los niños de que el aire está lleno de demonios vengadores prestos a castigar cualquier presunción.* En los adultos esta

---

* La idea es que los demonios se nos echarán encima por mostrarnos demasiado seguros de nosotros mismos. Los niños creen que si pica un pez y dicen «Ya lo tengo» antes de que esté en tierra se escapará; que si se ponen las espinilleras antes de que les toque el turno de batear los eliminarán al primer lanzamiento, etcétera. Estas creencias a menudo sobreviven en los adultos. Los adultos suelen ser en proporción menos supersticiosos que los niños, ya que tienen más poder sobre su entorno. En aprietos en que nadie tiene poder (por ejemplo, la guerra o el juego) todo el mundo es supersticioso. *(N. del A.)*

creencia sobrevive como un miedo al pensamiento demasiado racional. Yo, el Señor tu Dios, soy Dios celoso; antes del quebrantamiento es la soberbia, etcétera; y la soberbia más peligrosa es la falsa soberbia del intelecto. David fue castigado porque hizo un recuento de la gente; esto es, porque usó científicamente su intelecto. De ahí que una idea como, por ejemplo, la ectogénesis, aparte de sus posibles efectos sobre la salud de la raza, la vida familiar, etcétera, sea considerada en sí misma blasfema. De modo similar, cualquier ataque contra algo tan fundamental como el lenguaje, un ataque, como si dijéramos, contra la propia estructura de nuestra mente, es blasfemo y, en consecuencia, peligroso. Reformar el lenguaje es casi como interferir en la obra de Dios, aunque no estoy afirmando que nadie lo dijera exactamente con esas palabras. Esta objeción es importante, porque haría que mucha gente no considerara siquiera una idea como la de la reforma del lenguaje. Y, claro está, esta idea no sirve de nada si no la adopta un gran número de personas. Que un solo hombre, o una camarilla, coja e intente inventar un lenguaje, como creo que está haciendo James Joyce, es tan absurdo como que un hombre intente jugar solo al fútbol. Lo que se necesita son varios miles de personas, dotadas pero normales, que se entreguen a la invención de palabras con la misma seriedad con la que la gente se entrega hoy en día a la investigación shakespeariana. Contando con ellos, creo que podríamos obrar maravillas con el lenguaje.

Y ahora en lo que respecta a los medios. Vemos ejemplos de una lograda invención de palabras, si bien burda y a pequeña escala, entre los miembros de familias numerosas. Todas ellas tienen dos o tres palabras características, palabras que han inventado y que transmiten significados sutiles ajenos al diccionario. Dicen «El señor Smith es un hombre…», empleando alguna palabra de fabricación casera, y los demás lo comprenden perfectamente; aquí, por tanto, dentro de los límites de la familia, existe un adjetivo que llena uno de los muchos huecos dejados por el diccionario. Lo que permite que una familia invente estas palabras es la base de una experiencia común. Sin una experiencia común, por descontado, ninguna palabra puede significar algo. Si me dicen: «¿A qué huele la bergamota?», yo respondo: «Tiene un olor parecido a la verbena», y siempre y cuando el otro conozca el olor de la verbena, acertará más o menos a comprenderme. El método de invención de palabras, por tanto, es un método de analogía basado en un conocimiento común e inequívoco; tiene que haber unos patrones a los que poder referirse sin posibilidad alguna de confusión, al igual que podemos referirnos a algo físico como el olor de la verbena. En la práctica, debe consistir en otorgar a las palabras una existencia física (probablemente visible). Limitarse a hablar de definiciones es fútil; es algo que podemos comprobar siempre que se intenta definir alguna de las palabras que emplean los críticos literarios (por ejemplo, «sentimental»,* «ordinario», «morboso», etcétera, todas ellas carentes de significado o, más bien, con un significado diferente para cada cual que la use). Lo que hace falta es mostrar un significado de algún modo inequívoco, y después, cuando diversas personas lo hayan identificado en su propia mente y lo consideren digno de un nombre, dárselo. La cuestión es, sencillamente, encontrar una forma de dotar al pensamiento de una existencia objetiva.

Lo primero que nos viene a la mente es el cinematógrafo. Todo el mundo habrá reparado en los poderes extraordinarios que hay latentes en el cine: el poder de la distorsión, la fantasía; el poder, en general, de escapar a las restricciones del mundo físico. Supongo que se debe solo a necesidades comerciales el que el cine se haya empleado principalmente en imitaciones ridículas de obras es-

---

\* Una vez comencé una lista de escritores a los que los críticos llamaban «sentimentales». Al final incluía prácticamente a todos los escritores ingleses. La palabra es, de hecho, un símbolo de odio carente de significado, como esos trípodes de bronce que en las obras de Homero se les daban a los invitados en señal de amistad. *(N. del A.)*

cénicas, en lugar de concentrarse, como debería, en cosas que están más allá del escenario. Usado adecuadamente, el cine es el único medio con el que es posible transmitir los procesos mentales. Un sueño, por ejemplo, como decía antes, es por completo indescriptible en palabras, pero puede representarse bastante bien en la pantalla. Hace años vi una película de Douglas Fairbanks que incluía la representación de un sueño. La mayor parte, por supuesto, eran bromas estúpidas en torno a ese sueño en el que uno va desnudo en público, pero durante unos pocos minutos era realmente como un sueño, de un modo que sería imposible mediante las palabras, o incluso mediante un cuadro o, imagino, la música. He visto atisbos de cosas parecidas en otras películas. Por ejemplo, en *El gabinete del doctor Caligari*; una película, no obstante, que era en su mayor parte directamente ridícula, y en la que el elemento fantástico se explotaba en su propio interés, y no para transmitir algún significado definido. Si nos paramos a pensarlo, hay muy poco en la mente que no pudiera representarse de algún modo mediante los extraños poderes distorsionadores del cine. Un millonario con un cinematógrafo privado, todo el atrezo necesario y una compañía de actores inteligentes podría, si quisiese, dar a conocer prácticamente toda su vida interior. Podría explicar los motivos reales de sus acciones en lugar de contar mentiras racionalizadas, destacar las cosas que le parecieron hermosas, conmovedoras, divertidas, etcétera; cosas que el hombre corriente tiene que guardar dentro de sí porque no hay palabras con que expresarlas. En términos generales, podría hacer que otras personas lo comprendieran. Por descontado, no es deseable que un hombre cualquiera, salvo si es un genio, convierta en un espectáculo su vida privada. Lo necesario es descubrir esos sentimientos por ahora sin nombre que los hombres tienen en común. Podríamos identificar todos los motivos poderosos que no pueden ponerse en palabras y que son la causa de una mentira y una confusión constantes; podríamos darles una forma visible, aceptarlos de común acuerdo y otorgarles un nombre. Estoy seguro de que el cine, con sus poderes de representación prácticamente ilimitados, podría servirnos, en las manos de los investigadores adecuados, para lograrlo. Aun así, plasmar los pensamientos en un formato visible no siempre sería fácil; de hecho, al principio sería tan difícil como cualquier otro arte.

Un apunte sobre la forma en sí que deberían adoptar las nuevas palabras. Supongamos que varios miles de personas con el tiempo, los talentos y el dinero necesarios comenzasen a realizar adiciones al lenguaje y supongamos que consiguieran llegar a un acuerdo sobre el número de palabras nuevas y necesarias; aun así tendrían que ir con cuidado de no crear un simple volapük* que cayera en desuso tan pronto como lo inventaran. Me parece probable que una palabra, incluso una palabra que aún no exista, tenga una forma natural; o, mejor dicho, varias formas naturales en las diversas lenguas. Si el lenguaje fuese verdaderamente expresivo, no habría necesidad de jugar con los sonidos de las palabras, como hacemos hoy en día, pero supongo que siempre debe de haber alguna correlación entre el sonido y el significado de una palabra. Una teoría aceptada (creo) y verosímil sobre el origen del lenguaje es esta: el hombre primitivo, antes de disponer de palabras, se apoyaba de forma natural en los gestos y, como cualquier otro animal, gritaba en el momento de gesticular para atraer la atención. Ahora realizamos de forma instintiva el gesto que se adecua a lo que queremos decir, y todas las partes del cuerpo siguen el ejemplo, incluida la lengua. De ahí que ciertos movimientos de la lengua —es decir, ciertos sonidos— hayan quedado asociados a ciertos significados. En la poesía podemos destacar palabras que, al margen de sus significados directos, acostumbran a trasmitir ciertas ideas a través del sonido. Por ejemplo, «Deeper than did ever *plummet* sound» [«Más hon-

---

\* Lenguaje artificial creado por el monje Johann Martin Schleyer en 1879. Muchos de sus hablantes se pasaron poco después al esperanto, que surgió en 1888. *(N. de la T.)*

do de lo que sondeara jamás el plomo»] (Shakespeare, más de una vez, creo); «Past the *plunge* of *plummet*» [«Más allá de donde se zambulle el plomo»] (A. E. Housman); «The *unplumbed*, salt, estranging sea» [«El mar no sondado por el plomo, salado, alienante»] (Matthew Arnold), etcétera. Claramente, al margen de significados directos, el sonido «plum-», o «plun-», tiene algo que ver con océanos insondables. Por consiguiente, a la hora de formar palabras nuevas debemos prestar atención a la adecuación del sonido en igual medida que a la exactitud del significado. No bastaría, como actualmente, con formar una palabra nueva para una auténtica novedad a partir de recortes de palabras antiguas, pero tampoco con formarla a partir de una simple selección arbitraria de letras. Habría que determinar la forma natural de la palabra, y al igual que a la hora de ponerse de acuerdo en el significado en sí, esto requeriría la cooperación de un gran número de personas.

He escrito todo esto apresuradamente y, al releerlo, me doy cuenta de que mi exposición tiene cabos sueltos y de que gran parte de ella son obviedades. En cualquier caso, a la mayoría de la gente todo esto de reformar el lenguaje le parecerá cosa de diletantes o de chiflados. Aun así, merece la pena considerar la incomprensión tan absoluta que existe entre los seres humanos, al menos entre aquellos que no tienen una relación muy estrecha. Actualmente, como dijo Samuel Butler, el mejor arte (esto es, la más perfecta transferencia de pensamientos) debe ser «vivido» de una persona a otra. No tendría por qué ser así si nuestro lenguaje fuera más apropiado. Es curioso que, mientras nuestros conocimientos, la complejidad de nuestra vida y, por tanto (creo que en consecuencia), nuestra mente se desarrollan tan rápido, el lenguaje, el medio principal de comunicación, apenas varíe. Por este motivo, creo que la idea de una invención intencionada de palabras merece al menos ser tenida en cuenta.

¿Febrero–abril de 1940?

# 3

## Literatura y totalitarismo

En estas charlas semanales he estado hablando de
crítica, la cual, a fin de cuentas, no forma parte de la
corriente principal de la literatura. Una literatura
vigorosa puede existir sin apenas crítica ni espíritu
crítico, como lo hizo en la Inglaterra del siglo XIX.
Pero hay una razón por la cual, en este momento
concreto, no se pueden ignorar los problemas que
implica cualquier crítica seria. Dije al principio de
mi primera charla que estos no son tiempos de crítica. Son tiempos de tomar partido, no de desapego;
unos tiempos en los que resulta especialmente difícil ver los méritos literarios de un libro con cuyas
conclusiones no estemos de acuerdo. La política —la
política en el sentido más general— ha invadido
la literatura hasta unos extremos que no acostum-
bramos a encontrar, y esto ha llevado hasta la superficie de nuestra conciencia la lucha constante que
existe entre el individuo y la comunidad. Es en el
momento en que uno considera la dificultad de
escribir crítica honesta e imparcial en una época

como la nuestra, cuando empieza a comprender la naturaleza de la amenaza que pende sobre el conjunto de la literatura en la época venidera.

Vivimos tiempos en los que el individuo autónomo está dejando de existir; o quizá deberíamos decir: en los que el individuo está dejando de tener la ilusión de ser autónomo. En fin, en todo lo que decimos de la literatura —y, sobre todo, en lo que decimos de la crítica— damos instintivamente por sentada la noción del individuo autónomo. Toda la literatura europea moderna —hablo de la literatura de los últimos cuatrocientos años— se basa en el concepto de la honestidad intelectual o, si se prefiere, en aquella máxima de Shakespeare: «Sé sincero contigo mismo». Lo primero que le pedimos a un escritor es que no cuente mentiras, que diga lo que piensa realmente, lo que siente realmente. Lo peor que podemos afirmar de una obra de arte es que no es sincera. Y esto es aún más cierto en relación con la crítica que con la escritura creativa, en la que no importa cierta dosis de pose y artificiosidad, e incluso cierta dosis de farsa pura y dura, siempre y cuando el escritor posea cierta sinceridad fundamental. La literatura moderna es en esencia algo individual. O es la fiel expresión de lo que alguien piensa y siente, o no es nada.

Como digo, damos esta idea por sentada, y, sin embargo, tan pronto como la reflejamos por escrito nos damos cuenta de cuán amenazada está la literatura. Pues esta es la época del Estado totalitario, que no permite, y probablemente no puede permitirle al individuo, ni la más mínima libertad. Cuando uno menciona el totalitarismo piensa de inmediato en Alemania, Rusia, Italia; pero creo que debemos afrontar el riesgo de que este fenómeno pase a ser mundial. Es evidente que el periodo de capitalismo liberal está tocando a su fin, y que los países, uno detrás de otro, están adoptando una economía centralizada que podemos llamar «socialismo» o «capitalismo de Estado» según se prefiera. Con ello, la libertad económica del individuo, y en gran medida su libertad para hacer lo que quiera, escoger trabajo y moverse de un lado a otro de la superficie del planeta, llegan a su fin. Bueno, hasta hace poco no se habían previsto las implicaciones de esto. No se había comprendido por completo que la desaparición de la libertad económica tendría algún efecto sobre la libertad intelectual. Al socialismo se lo solía considerar una especie de liberalismo moralizado; el Estado se encargaría de nuestra vida económica y nos liberaría del miedo a la pobreza, el desempleo y demás, pero no tendría ninguna necesidad de interferir en nuestra vida intelectual privada. El arte podría prosperar tal como lo había hecho en la época capitalista-liberal; un poco más, de hecho, porque el artista ya no estaría sometido a imposiciones económicas.

Pero, a tenor de las evidencias, hay que admitir que estas ideas han sido falseadas. El totalitarismo ha abolido la libertad de pensamiento hasta unos límites inauditos en cualquier época anterior. Y es importante que comprendamos que este control del pensamiento no es solo de signo negativo, sino también positivo: no solo nos prohíbe expresar —e incluso tener— ciertos pensamientos; también nos dicta lo que debemos pensar, crea una ideología para nosotros, trata de gobernar nuestra vida emocional al tiempo que establece un código de conducta. Y, en la medida de lo posible, nos aísla del mundo exterior, nos encierra en un universo artificial en el que carecemos de criterios con los que comparar. El Estado totalitario trata, en todo caso, de controlar los pensamientos y las emociones de sus súbditos al menos de modo tan absoluto como controla sus acciones.

La pregunta que nos preocupa es: ¿puede sobrevivir la literatura en una atmósfera semejante? Creo que uno debe responder tajantemente que no. Si el totalitarismo se convierte en algo mundial y permanente, lo que conocemos como literatura desaparecerá. Y no basta con decir —como podría parecer factible en un primer momento— que lo que desaparecerá será simplemente la literatura de la Europa posterior al Renacimiento. Creo que la literatura de toda clase, desde los poemas épicos hasta los ensayos críticos, se encuentra amenazada por el intento del Estado moderno de controlar la vida emocional del individuo. La gente que lo niega acostumbra a presentar dos argumentos. Afirma, en primer lugar, que esa supuesta libertad que había existido a lo largo de los últimos siglos no era más que el reflejo de la anarquía económica y que, en cualquier caso, se trataba en gran medida de una ilusión. Y también señala que la buena literatura, mejor que nada de lo que podamos producir hoy en día, fue escrita en las épocas pasadas, cuando el pensamiento no era precisamente más libre que en la Alemania o la Rusia actuales. Esto es verdad hasta cierto punto. Es verdad, por ejemplo, que la literatura pudo existir en la Europa medieval, cuando el pensamiento estaba sometido a un férreo control —principalmente, el de la Iglesia— y a uno podían quemarlo vivo por pronunciar una ínfima herejía. El control dogmático de la Iglesia no impidió, por ejemplo, que Chaucer escribiera *Los cuentos de Canterbury*. También es cierto que la literatura medieval, y el arte medieval en general, no era tanto un asunto personal como algo más comunitario que en la actualidad. Es probable que las baladas inglesas, por ejemplo, no se puedan atribuir en absoluto a un individuo. Seguramente se componían de manera comunitaria, como he visto hace muy poco que se hace en los países orientales. Es obvio que la libertad anárquica que ha caracterizado a la Europa de los últimos siglos, ese tipo de atmósfera en la que no existen criterios rígidos de ninguna clase, no es necesaria, quizá no es ni siquiera beneficiosa, para la literatura. La buena literatura puede crearse dentro de un marco rígido de pensamiento.

Sin embargo, hay varias diferencias fundamentales entre el totalitarismo y todas las ortodoxias del pasado, tanto en Europa como en Oriente. La más importante es que las ortodoxias del pasado no cambiaban, o al menos no lo hacían rápidamente. En la Europa medieval, la Iglesia dictaba lo que debíamos creer, pero al menos nos permitía conservar las mismas creencias desde el nacimiento hasta la muerte. No nos decía que creyésemos una cosa el lunes y otra distinta el martes. Y lo mismo puede decirse más o menos de cualquier ortodoxo cristiano, hindú, budista o musulmán hoy en día. En cierto modo, sus pensamientos están restringidos, pero viven toda su vida dentro del mismo marco de pensamiento. Nadie se inmiscuye en sus emociones. Pues bien, con el totalitarismo ocurre exactamente lo contrario. La peculiaridad del Estado totalitario es que, si bien controla el pensamiento, no lo fija. Establece dogmas incuestionables y los modifica de un día para otro. Necesita dichos dogmas, pues precisa una obediencia absoluta por parte de sus súbditos, pero no puede evitar los cambios, que vienen dictados por las necesidades de la política del poder. Se afirma infalible y, al mismo tiempo, ataca el propio concepto de verdad objetiva. Por poner un ejemplo obvio y radical, hasta septiembre de 1939 todo alemán tenía que contemplar el bolchevismo ruso con horror y aversión, y desde septiembre de 1939 tiene que contemplarlo con admiración y afecto. Si Rusia y Alemania entran en guerra, como bien podría ocurrir en los próximos años, tendrá lugar otro cambio igualmente violento. La vida emocional de los alemanes, sus afinidades y odios, tiene que revertirse de la noche a la mañana cuando ello sea necesario. No hace falta señalar el efecto que tienen este tipo de cosas en la literatura. Y es que escribir es en gran medida una cuestión de sentimiento, el cual no siempre se puede controlar desde fuera. Es fácil defender de boquilla la ortodoxia del momento, pero la escritura de cierta trascendencia solo es posible cuando un hombre siente la verdad de lo que está diciendo; sin eso, falta el impulso creativo. Todas las pruebas que tenemos indican que los repentinos cambios emocionales que el totalitarismo exige a sus seguidores son psicológicamente imposibles. Y ese es el motivo principal por el que sugiero que, en caso de que el totalitarismo triunfe en todo el mundo, la literatura tal como la conocemos estará a un paso del fin. Y, de hecho, parece que el totalitarismo ha tenido ya ese efecto. En Italia la literatura ha quedado imposibilitada, y en Alemania parece casi haberse detenido. La actividad más característica de los nazis es la quema de libros. E incluso en Rusia el renacimiento literario que esperábamos no ha tenido lugar, y los escritores rusos más prometedores muestran una marcada tendencia a suicidarse o a desaparecer en las prisiones.

He dicho antes que el capitalismo liberal está llegando de forma obvia a su fin y, en consecuencia, pude haber dado la impresión de que insinúo que la libertad de pensamiento está irremediablemente condenada. Pero no creo que sea así, y en resumen diré sencillamente que creo que la esperanza de la supervivencia de la literatura reside en aquellos países en los que el liberalismo ha echado raíces más profundas, los países no militaristas, Europa occidental y las Américas, India y China. Creo —y puede que no sea más que una vana esperanza— que, aunque es seguro que está por venir una economía colectivizada, esos países sabrán cómo desarrollar una forma de socialismo que no sea totalitaria, en la que la libertad de pensamiento pueda sobrevivir a la desaparición del individualismo económico. Esa es, en todo caso, la única esperanza a la que puede aferrarse cualquiera que se preocupe por la literatura. Cualquiera que sienta el valor de la literatura, que sea consciente del papel central que desempeña en el desarrollo de la historia humana, debe ver también que es una cuestión de vida o muerte oponerse al totalitarismo, tanto si nos viene impuesto desde fuera como desde dentro.

Emisión, 21 de mayo de 1941;
transcripción

# 4

## Lenguaje panfletario

Sin que pueda hacer efectivos mis decretos, pero con tanta autoridad como la mayoría de gobiernos en el exilio hoy refugiados en diversas partes del mundo, dicto sentencia de muerte contra las siguientes palabras y expresiones: «Talón de Aquiles», «férula», «cabeza de la hidra», «pisotear con bota de hierro», «apuñalar por la espalda», «pequeñoburgués», «cadáver aún caliente», «liquidar», «talón de hierro», «dictador con las manos manchadas de sangre», «traición cínica», «lacayo», «corifeo», «perro rabioso», «chacal», «hiena», «baño de sangre».

Sin duda habrá que revisar la lista de vez en cuando, pero servirá para ir tirando. Es una buena selección de las metáforas manidas y las frases extranjeras mal traducidas que tanto se han utilizado en la literatura marxista de los últimos años. Hay, por supuesto, muchas otras perversiones de la lengua inglesa. Está el inglés oficial, o de raya diplomática, el de los libros blancos, el de los debates parlamentarios (en sus momentos más decorosos)

69

y el de los boletines de noticias de la BBC. Está el de los científicos y los economistas, con su preferencia instintiva por palabras como «contraindicar» y «descentralización». Está el del argot estadounidense que, pese a su atractivo, es probable que acabe empobreciendo la lengua a largo plazo. Y está, en general, el desaliño del habla inglesa moderna, con sus sonidos vocálicos decadentes (en Londres hay que recurrir al lenguaje de signos para distinguir entre «tres peniques» y «tres medios peniques») y su tendencia a hacer que los nombres y los verbos sean intercambiables. Pero ahora me preocupa solo una variante del mal inglés, el inglés marxista o «panfletés», que puede estudiarse en el *Daily Worker*, el *Labour Monthly*, *The Plebs*, *The New Leader* y otros periódicos por el estilo.

Muchas de las expresiones utilizadas en la literatura política son sencillamente eufemismos o trucos retóricos. «Liquidar» (o «eliminar»), por ejemplo, es la forma educada de referirse a «matar», mientras que «realismo» equivale por lo general a «falta de honradez». Pero la peculiaridad de la fraseología marxista radica en que consiste sobre todo en traducciones. Su vocabulario característico procede de frases rusas o alemanas que han sido adoptadas en un país tras otro sin que nadie haya intentado encontrar equivalentes adecuados. He aquí, a modo de ejemplo, un fragmento de literatura marxista: una apelación a los ejércitos aliados por

parte de los ciudadanos de Pantelaria. Los ciudadanos de Pantelaria

> rinden agradecido homenaje a las fuerzas angloes-
> tadounidenses por la rapidez con que les han libe-
> rado del perverso yugo de un régimen satánico y
> megalómano, que, no contento con haber succio-
> nado como un pulpo monstruoso las energías de los
> auténticos italianos durante veinte años, está redu-
> ciendo Italia a un amasijo de ruinas y pobreza por
> un único motivo: el lucro desmesurado de sus jefes,
> que ocultan, tras una máscara mal disimulada de
> huero y falso patriotismo, las pasiones más bajas y,
> conjurados con los piratas alemanes, favorecen el
> egoísmo más bajo y el trato más vil mientras, con
> repugnante cinismo, pisotean la sangre de miles de
> italianos.

Es probable que este indigesto potaje de palabras sea una traducción del italiano, aunque la clave es que uno no lo reconozca como tal. Este estilo de escritura es tan internacional que podría ser
una traducción de cualquier otra lengua europea,
o estar tomado directamente del *Daily Worker*. Su
característica principal es el uso inagotable de metáforas prefabricadas. Es el mismo espíritu con el
que, cuando los submarinos italianos hundían los
barcos que transportaban armas a la España republicana, el *Daily Worker* instó al Almirantazgo bri-

tánico a «barrer de los mares a esos perros rabiosos». Es evidente que quien es capaz de utilizar frases como esas ha olvidado que las palabras tienen significado.

Un amigo ruso me ha contado que su lengua es más rica que la inglesa en palabras insultantes, de modo que una invectiva en ruso no siempre puede traducirse con exactitud. Así, cuando Molotov llamó «caníbales» a los alemanes, tal vez utilizara una palabra que sonaba natural en ruso y de la que «caníbal» era solo una traducción aproximada. No obstante, nuestros comunistas locales han adoptado, del difunto *Inprecor* y de otras fuentes similares, toda una serie de frases traducidas de forma burda, y por la fuerza de la costumbre han llegado a creer que son expresiones inglesas. El vocabulario de insultos comunistas (aplicado a fascistas o socialistas según cuál sea la «línea» del momento) incluye términos como «hiena», «cadáver», «lacayo», «pirata», «verdugo», «vampiro», «perro rabioso», «criminal» y «asesino». Sean de primera, de segunda, o de tercera mano, son todas traducciones, y ningún inglés las utilizaría de manera natural para expresar su desaprobación. Este tipo de lenguaje se emplea con una pasmosa indiferencia por su significado. Si se le pregunta a un periodista qué es la «férula» no lo sabrá. Sin embargo, continúa hablando de férulas. O qué significa eso de «pisotear con bota de hierro», muy poca gente lo sabe.

De hecho, según mi experiencia, muy pocos socialistas conocen el significado de la palabra «proletariado».

Se puede apreciar un buen ejemplo del lenguaje marxista en las palabras «lacayo» y «corifeo». La Rusia prerrevolucionaria seguía siendo un país feudal en el que hordas de siervos ociosos formaban parte del tejido social; en ese contexto «lacayo» tenía sentido como insulto. En Inglaterra el panorama social es muy distinto. Excepto en actos públicos, la última vez que vi un criado con librea fue en 1921. Y, de hecho, en el lenguaje corriente, la palabra «lacayo» quedó obsoleta a finales del XIX, y la palabra «corifeo» hace varios siglos. Sin embargo, se resucitan esas y otras palabras igualmente inapropiadas para escribir panfletos. El resultado es una prosa que se parece tanto a escribir inglés auténtico como hacer un rompecabezas a pintar un cuadro. Es solo cuestión de juntar unas cuantas piezas prefabricadas. Basta con hablar de una férula con cabeza de hidra que pisotea con bota de hierro a hienas manchadas de sangre y ya está. Para confirmarlo, véase cualquier panfleto publicado por el Partido Comunista, o, ya puestos, por cualquier otro partido político.

*Tribune*, 17 de marzo de 1944

# 5

## Propaganda y lenguaje popular

Cuando me disponía a partir de Inglaterra en dirección a Marruecos a finales de 1938, alguna gente de mi pueblo (a menos de ochenta kilómetros de Londres) quiso saber si había que cruzar el mar para llegar hasta allí. En 1940, durante la campaña africana del general Wavell, descubrí que la mujer a la que le compraba mis raciones pensaba que la Cirenaica estaba en Italia. Hace un año o dos, un amigo mío, que había estado dando una charla de la ABCA* a algunas integrantes de los Servicios Auxiliares Territoriales, llevó a cabo el experimento de hacerles unas pocas preguntas de cultura general. Entre las respuestas que obtuvo se decía: *a*) que el Parlamento solo tenía seis miembros, y *b*) que Singapur era la capital de la India.

---

* La ABCA era una organización destinada a educar, informar y elevar la moral del personal militar mediante charlas y debates en los que se discutían los asuntos de actualidad en torno a la guerra. *(N. de la T.)*

Si tuviera algún sentido hacerlo, podría dar muchos más ejemplos de este tipo. Menciono estos tres tan solo como un recordatorio preliminar de la ignorancia que debe tener presente cualquier discurso o escrito que se dirija al gran público.

Sin embargo, cuando examinamos los folletos y los Libros Blancos del gobierno, o los editoriales de los periódicos, o los discursos y retransmisiones de los políticos, o los panfletos y manifiestos de cualquier partido político, lo que casi siempre nos llama la atención es lo alejadísimos que están de la gente de la calle. No se trata únicamente de que den por hechos unos conocimientos inexistentes; a menudo es acertado y necesario hacerlo así. Es, además, que el lenguaje claro, popular y cotidiano parece evitarse instintivamente. El dialecto anodino de los portavoces del gobierno (cuyas expresiones características son «a su debido tiempo», «no dejaremos piedra por mover», «en cuanto haya oportunidad», «respuesta en sentido afirmativo») es demasiado conocido para que valga la pena detenerse en él. Los editoriales de los periódicos se escriben también en este dialecto, o en un estilo ampuloso y rimbombante con tendencia a recurrir a términos anticuados («azaroso», «gallardía», «poderío», «contendiente», «arrimo», «resarcimiento», «canallesco», «abyección», «fortín», «bastión», «baluarte») que a ninguna persona normal se le ocurriría emplear. Los partidos de izquierdas están especializados en un vocabulario espurio formado por expresiones rusas y alemanas traducidas con la máxima torpeza. E incluso los carteles, los folletos y las difusiones por radio destinados a dar instrucciones, a decirle a la gente qué tiene que hacer en determinadas circunstancias, a menudo fracasan en su cometido. Por ejemplo, durante los primeros bombardeos sobre Londres, se descubrió que innumerables personas no sabían qué sirena significaba «alerta» y cuál significaba «despejado». Y esto después de meses o años viendo los carteles de Prevención de Ataques Aéreos. En ellos, la señal de alerta se describía como un «sonido gorjeante»; una expresión que no causaba el menor efecto, dado que las sirenas de bombardeo no gorjean, y poca gente relaciona la palabra con algún significado definido.

Cuando sir Richard Acland, en los primeros meses de la guerra, estaba redactando un manifiesto que iba a presentarle al gobierno, contrató a un escuadrón de «observadores de la masa» para descubrir qué significados asociaba el hombre común, si es que asociaba alguno, a los términos abstractos y altisonantes que se sueltan aquí y allá en la política. Salieron a la luz confusiones de lo más estrafalarias. Descubrieron, por ejemplo, que la mayoría de la gente no relaciona «inmoralidad» con otra cosa que la inmoralidad sexual. Un hombre pensaba que un «movimiento» tenía algo que ver con el estreñimiento. Y en cualquier pub uno puede comprobar todas las noches que los discursos retransmitidos y los noticiarios no causan ningún efecto en el oyente común, porque están pronunciados en un lenguaje afectado, pedante y, por cierto, con acento de clase alta. En la época de Dunkerque vi a un grupo de peones comiéndose su pan con queso en un pub mientras la radio daba las noticias de la una. Ninguna reacción; se limitaron a seguir comiendo impasibles. Pero luego, por un instante, al reproducir las palabras de un soldado al que habían izado a bordo de un barco, el locutor se pasó al inglés oral con la frase: «Bueno, ¡al menos en este viaje he aprendido a nadar!». De inmediato se vio que aguzaban el oído; era lenguaje normal, y por eso les llegaba. Unas semanas más tarde, el día después de que Italia entrara en la guerra, Duff Cooper anunció que la temeridad de Mussolini conduciría a «acrecentar las ruinas que han hecho famosa a Italia». Era ingenioso y una auténtica profecía, pero ¿qué efecto provoca este tipo de lenguaje en nueve de cada diez personas? La versión coloquial habría sido: «Italia siempre ha sido famosa por las ruinas. Bueno, pues ahora van a tener ruinas a carretadas». Pero así no es como hablan los ministros, al menos en público.

Ejemplos de lemas inútiles, a todas luces incapaces de avivar los sentimientos o de circular de boca en boca, son: «Dignos de la victoria», «La libertad bajo amenaza: defiéndela con arresto», «El socialismo es la única solución», «Expropiemos a los expropiadores», «Austeridad», «Evolución, no revolución» o «La paz es indivisible». Ejemplos de lemas expresados en inglés oral son: «Largo de Rusia», «Alemania tiene que pagar», «Paremos a Hitler», «Nada de impuestos sobre el pan», «Compra un Spitfire» o «Votos para las mujeres». Y ejemplos a medio camino entre una cosa y otra son: «Vamos allá», «Siembra por la victoria», «Todo depende de MÍ » y algunas de las frases de Churchill, como «El fin del principio», «El punto flaco», «Sangre, esfuerzo, sudor y lágrimas» y «Nunca tantos les debieron tanto a tan pocos». (Significativamente, en la medida en que esta última ha circulado de boca en boca, ha desaparecido de ella la parte pedante de la frase, «… en el ámbito de los conflictos humanos».) Hay que tener en cuenta que prácticamente todos los ingleses sienten aversión por cualquier cosa que suene pomposa y jactanciosa. Lemas como «No pasarán» o «Mejor morir de pie que vivir de rodillas», que han entusiasmado a las naciones del continente, a un inglés, especialmente a un obrero, le resultan ligeramente embarazosos. Pero el principal punto débil de los propagandistas y divulgadores es su incapacidad para darse cuenta de que el inglés hablado y el escrito son dos cosas distintas.

Recientemente, cuando protesté en un artículo contra el dialecto marxista que hace uso de frases como «desviacionismo de izquierda objetivamente contrarrevolucionario» o «liquidación drástica de elementos pequeñoburgueses», recibí cartas indignadas de socialistas de toda la vida que me decían que estaba «insultando el lenguaje del proletariado». Con un espíritu bastante similar, el profesor Harold Laski dedica un largo pasaje de su último libro, *Fe, razón y civilización*, a atacar al señor T. S. Eliot, al que acusa de escribir «solo para unos pocos». Pero el caso es que Eliot es uno de los contados escritores de nuestros días que ha intentado seriamente escribir en inglés tal como se habla. Versos como

> *Y nadie llegó, y nadie se fue,*
> *pero él entró la leche y pagó el alquiler*

están lo más cerca del inglés oral que pueda estarlo un texto. Por el contrario, he aquí una frase perfectamente típica de la escritura de Laski:

> En conjunto, nuestro sistema era un pacto entre la democracia en el ámbito político —en sí misma un desarrollo muy reciente de nuestra historia— y un poder económico oligárquicamente organizado que estaba a su vez vinculado a un cierto vestigio aristocrático capaz todavía de influir

profundamente en las costumbres de nuestra sociedad.

Esta frase, por cierto, proviene de una conferencia reeditada, de modo que debemos suponer que el profesor Laski, en efecto, se subió a una tarima y la declamó con inciso y todo. Está claro que la gente capaz de hablar o escribir de un modo semejante ha olvidado, sencillamente, cómo es el lenguaje cotidiano. Pero esto no es nada comparado con otros pasajes que podría extraer de los escritos del profesor Laski o, mejor, de la literatura comunista o, mejor aún, de los panfletos trotskistas. De hecho, al leer la prensa de izquierdas uno tiene la sensación de que, cuanto más alto pontifican algunos sobre el proletariado, más desprecian su lenguaje.

Ya he dicho antes que el inglés hablado y el inglés escrito son dos cosas distintas. Esta diferencia existe en todas las lenguas, pero en inglés es posiblemente más acentuada que en la mayoría de ellas. El inglés hablado está lleno de lenguaje coloquial, se abrevia allí donde sea posible, y las personas de todas las clases sociales tratan su gramática y su sintaxis de un modo muy descuidado. Son poquísimos los ingleses que le ponen jamás el broche a una frase cuando hablan improvisando. Y, por encima de todo, el vasto vocabulario inglés incluye miles de palabras que todo el mundo usa por escrito, pero que no tienen una auténtica difusión en el lenguaje hablado; y contiene, además, miles de palabras que están ya obsoletas pero que van siendo arrastradas por cualquiera que quiera sonar inteligente o edificante. Con esto en mente, uno puede buscar la manera de asegurarse de que la propaganda, escrita o hablada, llegue al público al que va dirigida.

Por lo que respecta a la escritura, lo único que podemos intentar es llevar a cabo un proceso de simplificación. El primer paso —y cualquier organización de encuestas sociales podría hacerlo por unos pocos cientos o miles de libras— es averiguar cuáles de los términos abstractos que los políticos utilizan habitualmente comprende de verdad un gran número de personas. Si expresiones como «violación sin escrúpulos de compromisos públicos» o «amenaza insidiosa a los principios básicos de la democracia» no significan nada para el hombre común, entonces es estúpido usarlos. En segundo lugar, uno puede tener siempre en mente el lenguaje hablado mientras escribe. Reflejar en el papel el auténtico inglés oral es un asunto complicado, como mostraré en un momento, pero si nos preguntamos habitualmente «¿Podría simplificar esto? ¿Podría hacer que sonara más oral?», no es muy probable que escribamos frases como esa del profesor Laski que he citado más arriba, ni tampoco que digamos «eliminar» cuando queremos decir «matar», o «agua estática» cuando nos referimos a un «depósito contra incendios».

La propaganda oral, sin embargo, ofrece mayores posibilidades de mejora. Es aquí donde aflora realmente el problema de escribir en inglés hablado.

Los discursos, las radiodifusiones, las conferencias e incluso los sermones acostumbran a ponerse por escrito de antemano. Los oradores más capaces, como Hitler o Lloyd George, suelen improvisar, pero son casos muy excepcionales. Por norma —y se puede comprobar escuchando un rato en Hyde Park Corner—, los presuntos improvisadores solo consiguen seguir adelante con sucesivos clichés. Y, en cualquier caso, es probable que estén pronunciando un discurso que han dado ya decenas de veces. Solo unos pocos oradores excepcionalmente dotados pueden alcanzar la sencillez y la inteligibilidad que logra hasta la persona más tartajosa en una conversación trivial. En directo, lo de improvisar rara vez se intenta siquiera. Con la excepción de algunos programas, como *Brains Trust*, que de todos modos se ensayan a conciencia de antemano, cada palabra que sale de la BBC ha sido puesta por escrito y se reproduce exactamente como fue escrita. Esto no se debe solo a la censura, sino también a que muchos oradores son propensos a quedarse sin palabras frente al micrófono si no tienen un guión que seguir. El resultado es esa jerga pesada, aburrida y pedante que lleva a muchos oyentes a apagar la radio tan pronto como se anuncia un discurso. Cabría pensar que podríamos acercarnos más al lenguaje oral dictando que escribiendo, pero, de hecho, es justo al revés. Dictar, al menos para un ser humano, es siempre un tanto embarazoso. Uno tiene el impulso de evitar las pausas largas, y lo hace aferrándose inevitablemente a expresiones prefabricadas y metáforas en desuso («cambiar las tornas», «echar a los leones», «cruzar la espada», «romper una lanza») de las que la lengua inglesa está plagada. Un guión dictado acostumbra a ser menos natural que uno escrito. Lo que se busca, evidentemente, es algún modo de llevar al papel el inglés convencional, descuidado, coloquial.

Pero ¿es esto posible? Yo creo que lo es, y siguiendo un método bastante sencillo que, por lo que yo sé, nunca ha sido probado. Es este: colocamos a un orador bastante elocuente frente al micrófono y lo dejamos hablar sin más, ya sea de forma continuada o intermitente. Hacemos lo mismo con una docena de oradores diferentes, grabándolos a todos. Lo alternamos con algunos diálogos o conversaciones entre tres o cuatro personas. Entonces reproducimos las grabaciones y le pedimos a un taquígrafo que las ponga por escrito, no en la versión resumida y mejorada que los taquígrafos acostumbran a redactar, sino palabra por palabra, con la puntuación que parezca apropiada. Así tendríamos en papel —por primera vez, creo yo— algunos ejemplares auténticos de inglés oral. Seguramente no serían legibles a la manera de un libro o un periódico, pero es que el inglés oral no está pensado para ser leído, sino para ser escuchado. A partir de estos ejemplares, creo que podríamos formular las normas del inglés oral y averiguar en qué se diferencia del lenguaje escrito. Y cuando escribir en inglés hablado fuera ya factible, el orador o el conferenciante que tuviera que escribir su discurso de antemano podría asemejarlo más a su dicción natural, darle una esencia más oralizable, de lo que está en su mano actualmente.

Por descontado, el lenguaje popular no consiste solamente en ser coloquial y evitar palabras que den lugar a confusión. Está también la cuestión del acento. Parece evidente que, en la Inglaterra moderna, el acento «culto» de la clase alta es letal para cualquier orador que se dirija a un público amplio. Todos los buenos oradores de los tiempos recientes han tenido un acento *cockney* o bien de provincias. El éxito de las radiodifusiones de Priestley en 1940 se debió en gran medida a su acento de Yorkshire, que probablemente recalcó un poco para la ocasión. Churchill es una excepción solo en apariencia. Demasiado viejo para haber aprendido el acento «culto» moderno, habla con ese deje eduardiano de clase alta que al hombre común le suena a *cockney*. El acento «culto» —al lado del cual el acento de los locutores de la BBC parece una especie de parodia— no tiene ninguna ventaja salvo su inteligibilidad para los anglohablantes extranjeros. En Inglaterra, a esa minoría entre la que es innato no le gusta particularmente, mientras que en las otras tres cuartas partes de la población despierta un antagonismo de clase inmediato. También llama la atención que, allí donde existen dudas sobre la pronunciación de una palabra, los oradores competentes se quedan con la pronunciación de la clase obrera aunque sepan que es incorrecta. Churchill, por ejemplo, pronunció mal «nazi» y «Gestapo» mientras lo hizo la gente de la calle. Y durante la última guerra, Lloyd George transcribía «káiser» como «káyser», que era la versión popular de la palabra.

En los inicios de la guerra, el gobierno tuvo enormes dificultades para hacer que la gente se tomara la molestia de ir a recoger sus cartillas de racionamiento, y en las elecciones al Parlamento, incluso cuando los censos están actualizados, ocurre a menudo que menos de la mitad del electorado ejerce su derecho a voto. Cosas como estas son síntomas de una brecha intelectual entre los gobernantes y los gobernados. Pero la misma brecha existe siempre entre la *intelligentsia* y el hombre de a pie. Los periodistas, como podemos ver en sus pronósticos electorales, nunca saben qué piensa el público. La propaganda revolucionaria es increíblemente ineficaz. Las iglesias de todo el país están vacías. La mera idea de tratar de averiguar qué piensa el hombre común, en lugar de dar por supuesto que piensa lo que tiene que pensar, es una novedad, y no muy bien recibida. Las encuestas entre la población reciben ataques feroces de la izquierda y la derecha por igual. Sin embargo, es obvio que los gobiernos modernos necesitan algún mecanismo para pulsar la opinión pública, y más si se trata de un país democrático que de uno totalitario. El segundo paso es tener la capacidad de hablarle al hombre de la calle con palabras que comprenda y frente a las cuales reaccione.

Actualmente, la propaganda solo parece dar resultado cuando coincide con lo que la gente está inclinada a hacer de todos modos. Durante la presente guerra, por ejemplo, el gobierno ha hecho muy poco por preservar la moral; se ha limitado a servirse de las reservas existentes de buena voluntad. Y todos los partidos políticos han fracasado por igual a la hora de conseguir que el público se interesase por cuestiones de una importancia vital, como el problema de la India, por mencionar solo uno. Pero puede que algún día tengamos un gobierno verdaderamente democrático, un gobierno que quiera explicarle a la gente lo que está ocurriendo, qué debe hacerse a continuación, qué sacrificios son necesarios y por qué. Necesitará contar con los mecanismos para hacerlo, de los cuales el primero es disponer de las palabras adecuadas, del tono adecuado. El hecho de que, cuando uno propone averiguar cómo es el hombre de la calle y dirigirse a él consecuentemente, lo acusen de ser un esnob intelectual que quiere hablar a las masas con paternalismo, o se convierta en sospechoso de estar conspirando para instaurar una Gestapo inglesa, muestra cuán indolente y decimonónica sigue siendo nuestra idea de la democracia.

*Persuasion*, verano de 1944, vol. 2, n.º 2

# 6

## La destrucción de la literatura

Hace cosa de un año asistí a una reunión del PEN Club con ocasión del tercer centenario de la *Areopagítica* de Milton, un panfleto, conviene recordarlo, en defensa de la libertad de prensa. La famosa frase de Milton sobre el pecado de «asesinar» un libro estaba impresa en los folletos repartidos con motivo del encuentro.

Había cuatro oradores en la tribuna. Uno pronunció un discurso sobre la libertad de prensa, pero solo en relación con la India; otro afirmó, dubitativo y en términos muy generales, que la libertad era buena; un tercero atacó las leyes sobre la obscenidad en la literatura, y el cuarto dedicó la mayor parte de su discurso a defender las purgas rusas. Durante el debate posterior, unos cuantos volvieron sobre la cuestión de la obscenidad y las leyes que la prohíben, mientras que los demás se limitaron a alabar la Rusia soviética. La libertad moral —la libertad de abordar sin tapujos cuestiones sexuales en una obra impresa— parecía gozar de la aprobación general, pero nadie aludió a la libertad política. En aquella reunión de varios centenares de personas, de las que probablemente la mitad estaban directamente relacionadas con el oficio de escribir, no hubo una sola que se atreviera a señalar que la libertad de prensa, si es que significa algo, consiste en la libertad de criticar y oponerse. Resulta muy significativo que ninguno de los oradores reprodujera la cita de la obra que supuestamente se estaba conmemorando, y tampoco se aludió a los muchos libros «asesinados» en nuestro país y en Estados Unidos durante la guerra. En conjunto, el encuentro fue una loa de la censura.*

No tiene nada de sorprendente. En nuestra época, la libertad intelectual está siendo atacada por dos flancos. Por un lado, están sus enemigos teóricos, los apologistas del totalitarismo, y, por otro, sus enemigos más inmediatos, los monopolios y la burocracia. Cualquier escritor o periodista que quiera conservar su integridad se ve más

---

* Es de justicia admitir que las celebraciones del PEN Club duraron una semana o más y que no siempre tuvieron ese tono. A mí me tocó un mal día. Pero un estudio de los discursos (impresos con el título *La libertad de expresión*) demuestra que casi nadie en nuestro tiempo es capaz de hablar de un modo tan rotundo a favor de la libertad intelectual como Milton hace trescientos años; y eso que él escribía en plena guerra civil. *(N. del A.)*

frustrado por la deriva general de la sociedad que por una persecución activa. Tiene en contra la concentración de la prensa en las manos de unos pocos magnates; la tenaza del monopolio existente en la radio y las películas; las reticencias del público a gastar dinero en libros, lo cual obliga a casi todos los escritores a ganarse la vida con trabajos periodísticos; las injerencias de organismos como el Ministerio de Información y el British Council, que ayudan al escritor a tener un sustento, pero que también le hacen perder el tiempo y le dictan sus opiniones, así como el constante ambiente bélico de los últimos diez años, a cuyos efectos distorsionadores no ha escapado nadie. Todo en nuestra época conspira para convertir al escritor, y a cualquier otro artista, en un funcionario de bajo rango, que trabaja en los asuntos que le dictan desde arriba y que nunca dice lo que considera la verdad. Al enfrentarse a su sino, no obtiene ayuda de los suyos; es decir, no hay ningún cuerpo de opinión que le garantice que está en lo cierto. En el pasado, al menos durante los siglos del protestantismo, la idea de la rebelión y la de la integridad intelectual estaban vinculadas. Un hereje —político, moral, religioso o estético— era alguien que se negaba a violentar su propia conciencia. Su perspectiva se resumía en las palabras del himno evangelista:

*Atrévete a ser un Daniel,*
*atrévete a estar solo,*
*atrévete a ser firme en tu propósito,*
*atrévete a decirlo.\**

Para poner este himno al día habría que decir «No te atrevas» al principio de cada verso, pues la peculiaridad de nuestra época es que quienes se rebelan contra el orden existente, en cualquier caso los más numerosos y representativos, se rebelan también contra la idea de la integridad individual. «Atreverse a estar solo» es criminal desde el punto de vista ideológico, y peligroso en la práctica. Fuerzas económicas difusas corroen la independencia del escritor y, al mismo tiempo, quienes deberían ser sus defensores se dedican a minarla. Es ese segundo proceso es el que me interesa.

La libertad de expresión y la libertad de prensa suelen ser atacadas con argumentos en los que no vale la pena detenerse. Cualquiera que tenga experiencia en pronunciar conferencias y haya participado en debates los conoce al dedillo. No pretendo rebatir la conocida afirmación de que la libertad es una ilusión, o la de que hay más libertad en los países totalitarios que en los democráticos, sino la mucho más peligrosa y defendible de

\* «Dare to be a Daniel, / Dare to stand alone; / Dare to have a purpose firm, / Dare to make it known.»

que la libertad es indeseable y de que la honradez intelectual es una forma de egoísmo antisocial. Aunque suelen subrayarse otros aspectos de la cuestión, la controversia sobre la libertad de expresión y la libertad de prensa es en el fondo una controversia sobre si mentir es deseable o no. Lo que de verdad está en juego es el derecho a informar de los sucesos contemporáneos fielmente, o al menos con tanta fidelidad como lo permitan la ignorancia, el sesgo y el engaño a los que está sometido siempre cualquier observador. Al afirmar esto podría dar la impresión de que la única rama de la literatura a la que concedo importancia es el simple «reportaje», pero más adelante intentaré demostrar que la misma cuestión se plantea, de manera más o menos sutil, en todos los ámbitos literarios, y probablemente en todas las artes. Entretanto, es necesario despejar los aspectos intrascendentes en que suele envolverse a esta controversia.

Los enemigos de la libertad intelectual acostumbran a defender su postura anteponiendo la disciplina al individualismo y dejan en un segundo plano, siempre que pueden, la cuestión de la verdad y la mentira. Aunque la intensidad de los ataques puede variar, el escritor que se niega a transigir en sus opiniones siempre acaba siendo tildado de egoísta. Es decir, se le acusa, o bien de querer encerrarse en una torre de marfil, o bien de hacer un alarde exhibicionista de su personalidad, o bien de resistirse a la corriente inevitable de la historia en un intento de aferrarse a privilegios injustificados. Los católicos y los comunistas coinciden en dar por sentado que sus oponentes no pueden ser honrados e inteligentes al mismo tiempo. Ambos defienden de manera tácita que «la verdad» ya ha sido revelada y que el hereje, o bien es idiota, o bien conoce «la verdad» y se opone a ella por motivos egoístas. En la literatura comunista, los ataques contra la libertad intelectual suelen enmascararse con oratoria sobre el «individualismo pequeñoburgués», «las ilusiones del liberalismo decimonónico», etcétera, respaldada por descalificaciones como «romántico» y «sentimental» que, al no tener un significado claro, son difíciles de refutar. De ese modo, la controversia se ve apartada del verdadero problema. Es posible aceptar, como hace la mayoría de la gente ilustrada, la tesis comunista de que la libertad pura solo existirá en una sociedad sin clases y de que se es más libre cuando se trabaja en pro del advenimiento de dicha sociedad. Pero junto con eso se introduce la afirmación de que el Partido Comunista tiene como objetivo el establecimiento de una sociedad sin clases, y de que en la URSS dicho objetivo está en vías de cumplirse. Si permite que lo primero lleve aparejado lo segundo, puede justificarse casi cualquier asalto al sentido común y la decencia.

Sin embargo, se ha eludido la cuestión principal. La libertad intelectual es la libertad de informar de lo que uno ha visto, oído y sentido, sin estar obligado a inventar hechos y sentimientos imaginarios. Las habituales diatribas contra el «escapismo», el «individualismo», el «romanticismo» y demás son solo un truco escolástico, cuyo objetivo es hacer que la perversión de la historia parezca aceptable.

Hace quince años, cuando uno defendía la libertad intelectual tenía que enfrentarse a los conservadores, los católicos y, hasta cierto punto —pues en Inglaterra no tenían gran importancia—, a los fascistas. Hoy es necesario enfrentarse a los comunistas y a los «compañeros de viaje». No debería exagerarse la influencia directa del pequeño Partido Comunista británico, pero el efecto nocivo del *mythos* ruso en la vida intelectual inglesa es indudable. A causa de él se suprimen y se distorsionan hechos conocidos, hasta el punto de que empieza a ser dudoso que pueda escribirse una verdadera historia de nuestro tiempo. Permítaseme dar tan solo un ejemplo de los centenares que podrían citarse. Cuando se produjo la caída de Alemania, se comprobó que muchos rusos soviéticos —la mayoría, sin duda, por motivos no políticos— habían cambiado de bando y estaban combatiendo para los alemanes. Asimismo, un grupo pequeño pero no despreciable de prisioneros y

refugiados rusos se negaron a volver a la URSS,
y al menos algunos de ellos fueron repatriados
contra su voluntad. La prensa británica apenas se
hizo eco de esos hechos, conocidos por numerosos periodistas que estaban allí, mientras que los
publicistas rusófilos de Inglaterra siguieron justi-
ficando las purgas y deportaciones de 1936-1938
afirmando que en la URSS «no había colabora-
cionistas». La bruma de mentiras y desinformación
que rodea asuntos como la hambruna de Ucrania,
la Guerra Civil española, la política rusa en Polonia y demás, no se debe por entero a una falta
consciente de sinceridad, pero cualquier escritor
o periodista que comulgue con la URSS —en el
sentido en el que los rusos quieran que lo haga—
debe tragar con la falsificación deliberada de asuntos de gran importancia. Tengo ante mí lo que
debe de ser un raro panfleto, escrito por Maxim
Litvinov en 1918, en el que se bosquejan los acontecimientos recientes en la Revolución rusa. No
alude a Stalin y, en cambio, pone por las nubes a
Trotski, Zinoviev, Kamenev y otros. ¿Cuál sería la
postura incluso del comunista más escrupuloso
desde el punto de vista intelectual ante semejante
panfleto? En el mejor de los casos, adoptar la actitud oscurantista de que se trata de un documen-
to indeseable y de que es mejor eliminarlo. Y si
por algún motivo se decidiera publicar una versión
tergiversada del panfleto denigrando a Trotski e

insertando referencias a Stalin, ningún comunista que siguiera siendo fiel al partido podría quejarse. En los últimos años se han producido falsificaciones tan absurdas como esa. Pero lo verdaderamente significativo no es que se produzcan, sino que, incluso cuando se sabe, no susciten la menor reacción de la *intelligentsia* en conjunto. El argumento de que decir la verdad sería «inoportuno» o «le haría el juego» a estos o aquellos se supone que es incontestable, y a muy pocas personas les molesta que las mentiras que toleran salgan de los periódicos para pasar a los libros de historia.

La mentira sistemática practicada por los estados totalitarios no es, como se afirma a veces, un recurso transitorio de la misma naturaleza que un movimiento de distracción militar, sino que forma parte integral del totalitarismo, y seguiría haciéndolo aunque los campos de concentración y la policía secreta dejaran de ser necesarios. Entre los comunistas inteligentes circula la leyenda de que, aunque el gobierno ruso se ve ahora obligado a incurrir en la mentira propagandística, los juicios amañados y demás, está tomando nota en secreto de los hechos para hacerlos públicos en el futuro. Creo que podemos estar seguros de que no será así, porque la mentalidad que implicaría un acto semejante es la de un historiador liberal que cree que el pasado no puede ser alterado y que el correcto conocimiento de la historia tiene valor en sí mismo. Desde el punto de vista totalitario, la historia es algo que se crea y no algo que se estudia. Un Estado totalitario es, de hecho, una teocracia, y para conservar su puesto, la casta gobernante necesita que la consideren infalible. Pero como, en la práctica, nadie lo es, resulta necesario reescribir el pasado para aparentar que nunca se cometió tal o cual error o que tal o cual triunfo imaginario sucedió en realidad. Además, cualquier cambio de política significativo exige un cambio paralelo de doctrina y una reevaluación de las figuras históricas importantes. Cosas así suceden en todas partes, pero sin duda es más fácil que conduzca a falsificaciones descaradas en aquellas sociedades donde solo se permite una opinión en un momento dado. El totalitarismo exige, de hecho, la alteración continua del pasado y, a largo plazo, probablemente la falta de fe en la existencia misma de la verdad objetiva. Los amigos del totalitarismo en nuestro país suelen argumentar que, puesto que la verdad objetiva es inasequible, una gran mentira no es peor que una pequeña. Señalan que todos los registros históricos son inexactos y tendenciosos o, por otro lado, que la física moderna ha demostrado que lo que nos parece el mundo real es una mera ilusión, por lo que creer en la evidencia de los sentidos es puro filisteísmo. Una sociedad totalitaria que consiguiera perpetuarse a sí misma probablemente acabaría instaurando un sistema de pensamiento esquizofrénico, en el que las leyes del sentido común sirviesen para la vida diaria y para ciertas ciencias exactas, pero pudieran ser pasadas por alto por el político, el historiador y el sociólogo. Ya hay infinidad de personas que considerarían escandaloso falsificar un libro de texto científico, pero a las que no les parecería mal falsificar un hecho histórico. El totalitarismo ejerce su mayor presión sobre los intelectuales en el punto en que se cruzan la literatura y la política. Las ciencias exactas, de momento, no están amenazadas por nada semejante. Esa diferencia explica en parte el hecho de que en todos los países sea más fácil para los científicos que para los escritores hacer frente común para apoyar a sus respectivos gobiernos.

A fin de conservar la perspectiva sobre el asunto, permítaseme repetir lo que dije al principio de este artículo: en Inglaterra los enemigos más inmediatos de la verdad y, por tanto, de la libertad de pensamiento, son los magnates de la prensa y la industria cinematográfica y los burócratas, pero que a largo plazo el peor síntoma es el debilitamiento del deseo de libertad entre los propios intelectuales. Podría pensarse que hasta el momento me he estado refiriendo a los efectos de la censura, no sobre la literatura en conjunto, sino solo sobre una parcela del periodismo político. Si aceptamos que la Rusia soviética constituye una especie de tema tabú en la prensa británica, si damos por sentado que cuestiones como Polonia, la Guerra Civil española o el pacto germano-soviético están excluidas de un verdadero debate, y que si uno posee información que contradiga la ortodoxia dominante debe callar o distorsionarla, ¿por qué iba a verse afectada la literatura en sentido amplio? ¿Es todo escritor un político y todo libro un «reportaje» sincero? ¿Acaso un escritor no puede seguir siendo mentalmente libre, incluso bajo la dictadura más férrea, y seguir destilando o disimulando sus ideas heterodoxas de modo que las autoridades sean demasiado estúpidas para reconocerlas? Y, aunque el escritor estuviera de acuerdo con la ortodoxia dominante, ¿por qué eso habría de cortarle las alas? ¿No es más probable que la literatura, o cualquier otro arte, florezca en sociedades en las que no hay grandes conflictos de opinión ni distinciones claras entre el artista y su público? ¿Debe uno dar por sentado que todo escritor es un rebelde, o incluso que el escritor como tal es una persona excepcional?

Siempre que alguien intenta defender la libertad intelectual de las pretensiones del totalitarismo, tropieza con estos argumentos formulados de uno u otro modo. Se basan en un completo equívoco sobre lo que es la literatura, y sobre cómo —o tal vez deberíamos decir por qué— llega a existir. Dan por sentado que un escritor es un simple comediante o un plumífero venal capaz de cambiar de una línea propagandística a otra con la misma facilidad con que un organillero cambia de canción. Pero, después de todo, ¿cómo llegan a escribirse los libros? Por encima de un nivel bastante bajo, la literatura es un intento de influir en las opiniones de nuestros contemporáneos mediante el registro de ciertas vivencias. Y, en lo tocante a la libertad de expresión, no hay muchas diferencias entre un simple periodista y el escritor más «apolítico» e imaginativo. El periodista no es libre —y es consciente de esa falta de libertad— cuando se le obliga a escribir mentiras o a silenciar lo que le parece una noticia de importancia; el escritor imaginativo no es libre cuando tiene que falsificar unos sentimientos subjetivos, que, desde su punto de vista, son hechos. Puede distorsionar y caricaturizar la realidad para que su sentido sea más claro, pero no falsear el decorado de su imaginación; no puede decir con convicción que le gusta lo que le disgusta, o que cree en algo en lo que no cree. Si se le obliga a hacerlo, el único resultado es que se agostan sus facultades creativas. Y tampoco es posible resolver la cuestión eludiendo los asuntos controvertidos. No hay una literatura genuinamente apolítica, y menos en una época como la nuestra, en que los miedos, los odios y las lealtades de cariz político están tan a flor de piel en la conciencia de cualquiera. Incluso un simple tabú puede tener un efecto paralizante sobre la imaginación, pues siempre existe el peligro de que cualquier pensamiento seguido libremente conduzca a la idea prohibida. De ahí se deduce que el ambiente del totalitarismo es mortal para cualquier escritor en prosa, aunque un poeta, al menos un poeta lírico, pueda encontrarlo respirable. En cualquier sociedad totalitaria que perdure más de un par de generaciones, es probable que la literatura en prosa, como la que ha existido los últimos cuatrocientos años, termine por desaparecer.

La literatura ha florecido a veces bajo regímenes despóticos, pero, como se ha señalado a menudo, los despotismos del pasado no eran totalitarios. Sus aparatos represores eran siempre ineficaces, sus clases gobernantes eran corruptas, apáticas o medio liberales, y las doctrinas religiosas se oponían al afán de perfección y la idea de la infalibilidad humana. Aun así, puede afirmarse a grandes rasgos que la literatura en prosa ha alcanzado sus mayores logros en épocas de democracia y pensamiento libre. La novedad del totalitarismo es que sus doctrinas no solo son incuestionables, sino también inestables. Deben ser aceptadas, so pena de ser condenado, pero al mismo tiempo son susceptibles de ser alteradas en cualquier momento. Considérense, por ejemplo, las diversas actitudes, totalmente incompatibles unas con otras, que un comunista inglés o un «compañero de viaje» han tenido que adoptar ante la guerra entre Alemania y Gran Bretaña. Varios años antes de septiembre de 1939 se esperaba de ellos que se indignaran ante «los horrores del nazismo» y que convirtieran todo lo que escribiesen en una denuncia contra Hitler; después de septiembre de 1939, tuvieron que creer veinte meses que Alemania era la ofendida y no la ofensora, y eliminar la palabra «nazi» —al menos por escrito— de su vocabulario. Justo después de oír el boletín informativo de las ocho en punto del 22 de junio de 1941, tuvo que volver a creer que el nazismo era el peor de los males que había presenciado el mundo. A un político le resulta fácil mudar así de piel, pero para un escritor la cosa es muy diferente. Si quiere cambiar de lealtades en el momento preciso, debe, o bien mentir sobre sus sentimientos subjetivos, o bien reprimirlos por completo. En cualquiera de los dos casos habrá destruido su dinamo. No solo dejará de tener ideas, sino que las palabras se marchitarán cuando las utilice. La escritura política de nuestra época consiste casi por entero en frases prefabricadas unidas entre sí como las piezas del mecano de un niño. Es el resultado inevitable de la autocensura. Para escribir en un lenguaje sencillo y vigoroso, es necesario pensar sin temor, y en ese caso es imposible ser ortodoxo en política. Podría no ser así en una «edad de la fe», cuando la ortodoxia llevase mucho tiempo establecida y no se tomara demasiado en serio. En ese caso es posible, o al menos podría serlo, que vastas esferas de la imaginación no se viesen afectadas por las creencias oficiales. Aun así, vale la pena subrayar que la literatura en prosa estuvo a punto de desaparecer en la única edad de la fe que ha conocido Europa. Durante toda la Edad Media apenas hubo literatura en prosa imaginativa y se produjo muy poca escritura histórica, y los líderes intelectuales de la sociedad expresaban sus pensamientos más sesudos en una lengua muerta que apenas había cambiado en los mil años anteriores.

El totalitarismo, no obstante, no promete tanto una edad de la fe como una edad de la esquizofrenia. Una sociedad se vuelve totalitaria cuando su estructura se vuelve flagrantemente artificial, es decir, cuando su clase gobernante ha perdido su función pero consigue aferrarse al poder mediante la fuerza o el engaño. Una sociedad así, por mucho que perdure, nunca puede permitirse ser tolerante o estable desde el punto de vista intelectual. No puede permitir el registro fiel de los hechos, o la sinceridad emocional, que la creación literaria exige. Pero para dejarse corromper por el totalitarismo no hace falta vivir en un país totalitario. El simple predominio de determinadas ideas puede extenderse como un veneno que impida abordar con propósitos literarios un tema tras otro. Siempre que se impone una ortodoxia —o incluso dos, como ocurre a menudo—, la buena literatura deja de existir. Así se puso de manifiesto con la Guerra Civil española. Para muchos intelectuales ingleses la guerra fue una vivencia profundamente conmovedora, pero no algo de lo que pudieran escribir con sinceridad. Solo se podían decir dos cosas, y ambas eran mentiras flagrantes; el resultado fue que la guerra dio lugar a kilómetros de letra impresa pero casi nada que valiera la pena leer.

No está claro que los efectos del totalitarismo sobre la poesía sean tan mortíferos como en el caso de la prosa. Hay toda una serie de razones que confluyen para permitir que un poeta se sienta más cómodo que un escritor en prosa en una sociedad totalitaria. Para empezar, los burócratas y otros hombres «prácticos» desprecian demasiado al poeta para interesarse por lo que dice. En segundo lugar, lo que dice el poeta —es decir, lo que «significa» su poema traducido en prosa— tiene relativamente poca importancia, incluso para sí mismo. El pensamiento contenido en un poema siempre es sencillo y no es su propósito primordial, al igual que no lo es la anécdota de un cuadro. Un poema es una disposición de sonidos y asociaciones de ideas, al igual que un cuadro es una disposición de pinceladas. En breves fragmentos, de hecho, como en el estribillo de una canción, la poesía puede carecer por completo de significado. Por ello es bastante fácil para un poeta evitar los asuntos peligrosos y no decir herejías; e, incluso al decirlas, lograr que pasen desapercibidas. Pero, por encima de todo, la buena poesía, a diferencia de la buena prosa, no tiene por qué ser una obra individual. Ciertos tipos de poemas, como las baladas o algunas formas poéticas muy artificiales, pueden componerlos grupos de personas. No está claro si las antiguas baladas inglesas y escocesas las crearon personas concretas o la gente en general, pero, en cualquier caso, no son individuales en el sentido de que cambian constantemente al pasar de boca en boca. Ni siquiera hay dos versiones impresas iguales de la misma balada. Muchos pueblos primitivos componen versos de manera comunitaria. Alguien empieza a improvisar, probablemente acompañándose de un instrumento musical, otro introduce un verso o una rima cuando al primer cantor se le acaba la inspiración, y así el proceso continúa hasta crear una canción o balada sin un autor identificable.

En prosa, esa colaboración tan íntima es imposible. La prosa seria tiene que ser creada en soledad, mientras que la emoción de formar parte de un grupo es una ayuda en ciertos tipos de versificación. La poesía —tal vez incluso la buena poesía, aunque no la más elevada— podría sobrevivir bajo un régimen inquisitorial. En una sociedad donde la libertad y el individualismo se hubieran extinguido, seguirían siendo necesarias las canciones patrióticas y las baladas heroicas para celebrar las victorias o para elaborados ejercicios de adulación, y ese es el tipo de poesía que puede escribirse, o componerse en comunidad, sin renunciar necesariamente al valor artístico. La prosa es diferente, porque el escritor en prosa no puede limitar el alcance de su pensamiento sin aniquilar su inventiva. No obstante, la historia de las sociedades totalitarias, o de los grupos de personas que han adoptado la perspectiva totalitaria, sugiere que la pérdida de la libertad es enemiga de todas las formas de la literatura. La literatura alemana prácticamente desapareció durante el régimen de Hitler, y la situación no fue mucho mejor en Italia. La literatura rusa, hasta donde podemos juzgar por las traducciones, ha empeorado notablemente desde los primeros días de la revolución, aunque algunos poemas parecen mejores que la prosa. En los últimos quince años, se han traducido muy pocas de las novelas rusas que valga la pena tomarse en serio. En Europa occidental y en Estados Unidos, una gran parte de la *intelligentsia* literaria ha pasado por el Partido Comunista o ha manifestado sus simpatías por él, pero ese movimiento de izquierdas ha producido muy pocos libros que merezca la pena leer. El catolicismo ortodoxo también parece tener un efecto devastador sobre ciertas formas literarias, en especial la novela. En un periodo de trescientos años, ¿cuántos han sido, al mismo tiempo, buenos novelistas y buenos católicos? El hecho es que hay ciertos asuntos que no pueden conmemorarse con palabras, y la tiranía es uno de ellos. Nadie ha escrito nunca un buen libro en defensa de la Inquisición. La poesía tal vez podría sobrevivir en una era totalitaria, y para ciertas artes o medio artes, como la arquitectura, la tiranía podría ser incluso beneficiosa, pero al escritor en prosa no le quedaría otra elección que el silencio o la muerte. La literatura en prosa, tal como la conocemos, es el producto del racionalismo, de los siglos de protestantismo, del individuo autónomo, mientras que la destrucción de la libertad individual paraliza al periodista, al escritor sociológico, al historiador, al novelista, al crítico y al poeta, por ese orden. En el futuro, es posible que surja un nuevo tipo de literatura que no implique sentimientos individuales o una observación sincera, pero en la actualidad resulta inimaginable. Más probable parece que, si desaparece la cultura liberal en la que hemos vivido desde el Renacimiento, el arte literario perezca con ella.

Por supuesto, seguirá utilizándose la imprenta, y es interesante especular sobre qué materia escrita sobreviviría en una sociedad rígidamente totalitaria. Cabe presumir que los periódicos seguirían publicándose hasta que la tecnología televisiva alcanzase un mayor nivel, pero, aparte de los periódicos, es dudoso, incluso ahora, que las grandes masas de los países industrializados sientan la necesidad de cualquier tipo de literatura. En todo caso, son reacias a gastar en literatura más de lo que gastan en cualquier otra diversión. Probablemente, las novelas y los relatos acaben siendo sustituidos por el cine y las producciones radiofónicas. O tal vez sobreviva algún tipo de ficción sensacionalista de mala calidad, redactada por una especie de cadena de producción que reduzca al mínimo la iniciativa humana.

Es probable que el ingenio humano logre escribir libros por medio de máquinas, de hecho, ya se está produciendo una especie de mecanización en las películas, la radio, la publicidad, la propaganda y el periodismo de baja estofa. Las películas de Disney, por ejemplo, son resultado de un proceso esencialmente industrial, en el que el trabajo lo hacen en parte máquinas y, en parte, equipos de artistas que tienen que renunciar a su estilo personal. Las producciones radiofónicas las escriben por lo general gacetilleros exhaustos a quienes se les indican de antemano el asunto y el estilo que deben utilizar, e, incluso así, lo que escriben es solo una especie de materia prima que luego trocean los productores y los censores para darle forma. Lo mismo ocurre con los innumerables libros y panfletos encargados por los departamentos gubernamentales. Más mecanizada aún está la producción de relatos breves, seriales y poemas para las revistas baratas. Periódicos como el *Writer* están repletos de anuncios de talleres literarios, que ofrecen argumentos prefabricados a cambio de unos cuantos chelines. Algunos proporcionan, además de la trama, la frase inicial y final de cada capítulo. Otros ofrecen una especie de fórmula algebraica con la que uno mismo puede construir sus propias tramas. Otros incluyen mazos de cartas marcadas con personajes y situaciones, y basta con barajarlas y repartirlas para obtener de manera automática ingeniosos relatos. Es probable que la literatura en una sociedad totalitaria fuera producida de ese modo, siempre y cuando siguiera siendo necesaria. La imaginación —e incluso la conciencia, hasta el punto en que fuera posible— se eliminaría del proceso de escritura. Los libros los planificarían a grandes rasgos los burócratas, y luego pasarían por tantas manos que, cuando estuviesen terminados, no serían un producto individual, como no lo es un coche Ford al llegar al final de la cadena de montaje. Huelga añadir que cualquier novela producida de ese modo sería pura basura, pero así no pondría en peligro la estructura del Estado. En cuanto a la literatura del pasado, sería necesario eliminarla o al menos reescribirla cuidadosamente.

De momento el totalitarismo no ha triunfado por completo en ninguna parte. Nuestra propia sociedad sigue siendo, a grandes rasgos, liberal. Para ejercer el derecho a la libertad de expresión, hay que luchar contra presiones económicas y contra poderosos sectores de la opinión pública, pero no contra una fuerza policial secreta, al menos por ahora. Se puede decir o imprimir casi cualquier cosa siempre que uno esté dispuesto a hacerlo de tapadillo. Pero lo más siniestro, como apunté al principio de este artículo, es que los enemigos de la libertad son precisamente aquellos para quienes la libertad debería tener más importancia. A la gente en general eso le trae sin cuidado. No apoya la persecución al hereje ni se molestará en defenderlo. Es a la vez demasiado cuerda y demasiado estúpida para adoptar el punto de vista totalitario. El ataque directo y consciente contra la honradez intelectual procede de los propios intelectuales.

Es posible que la *intelligentsia* rusófila, si no hubiese sucumbido a ese mito particular, lo hubiese hecho ante otro parecido. Pero en cualquier caso el mito ruso está ahí, y su podredumbre hiede. Cuando uno ve a personas bien formadas mostrar indiferencia ante la opresión y la persecución, no sabe qué despreciar más, si su cinismo o su cortedad de miras. Muchos científicos, por ejemplo, son admiradores acríticos de la URSS. Es como si pensaran que la destrucción de la libertad carece de importancia mientras no afecte a su propio trabajo. La URSS es un país muy vasto que se está desarrollando muy deprisa y que necesita trabaja-

dores científicos, así que los trata con mucha ge-
nerosidad. Mientras se aparten de las cuestiones
peligrosas como la psicología, los científicos son
personas privilegiadas. A los escritores, en cambio,
se los persigue con saña. Es cierto que a prostitu-
tas literarias como Ilya Ehrenburg o Alexei Tolstói
se les pagan enormes sumas de dinero, pero se les
arrebata lo único que tiene valor para un escritor:
la libertad de expresión. Al menos, algunos de los
científicos ingleses que hablan con tanto entusiasmo de las oportunidades de las que disfrutan los
científicos en Rusia son capaces de entenderlo.
Pero su reflexión parece ser esta: «En Rusia se persigue a los escritores. ¿Y qué? Yo no soy escritor».
No ven que cualquier ataque contra la libertad intelectual, y contra el concepto de libertad objetiva,
amenaza a largo plazo cualquier faceta del pensamiento.

De momento, el Estado totalitario tolera al
científico porque lo necesita. Incluso en la Alemania nazi se trataba relativamente bien a los científicos que no eran judíos, y la comunidad científica en conjunto no opuso ninguna resistencia a
Hitler. En esta etapa de la historia, incluso los
gobernantes más autocráticos tienen que aceptar
la realidad física, en parte porque perduran los hábitos de pensamiento liberales y, en parte, por la
necesidad de prepararse para la guerra. Mientras
la realidad física no pueda pasarse del todo por

alto, mientras dos y dos sean cuatro, a la hora de diseñar, por ejemplo, el prototipo de un aeroplano, el científico tendrá una función y será posible concederle cierta libertad. Su hora llegará después, cuando el Estado totalitario se haya consolidado. Por eso, si quiere salvaguardar la integridad de la ciencia, debería mostrar cierta solidaridad con sus colegas del ámbito literario y no responder con indiferencia cuando se silencia o se empuja al suicidio a los escritores y se falsifican sistemáticamente los periódicos.

Pero, al margen de lo que ocurra en las ciencias físicas, o en la música, la pintura y la arquitectura, lo cierto es que, tal como he intentado demostrar, si perece la libertad de pensamiento la literatura está condenada. Y no solo es así en cualquier país que tenga una estructura totalitaria, sino que cualquier escritor que adopte esa perspectiva y encuentre excusas para la persecución y la falsificación, se destruirá a sí mismo como literato. No hay escapatoria. Ninguna diatriba contra el «individualismo» y la «torre de marfil», ningún tópico piadoso respecto a que «la verdadera individualidad solo se alcanza mediante la identificación con la comunidad», podrá soslayar el hecho de que una imaginación comprada es una imaginación corrompida. A menos que de un modo u otro intervenga la espontaneidad, la creación literaria es imposible. Si la inteligencia humana llega a ser to-

talmente distinta de como es hoy, tal vez aprenda-
mos a separar la creación literaria de la honradez
intelectual. De momento, solo sabemos que la imaginación, como algunos animales salvajes, no puede criarse en cautividad. Cualquier escritor que lo
niegue —y casi todas las alabanzas actuales a la
Unión Soviética implican dicha negación— está,
de hecho, exigiendo su propia destrucción.

*Polemic*, enero de 1946; *The Atlantic Monthly*,
marzo de 1947

# 7

## La política y la lengua inglesa

La mayoría de quienes tienen alguna preocupación por el asunto, reconocerán que la lengua inglesa goza de una pésima salud, aunque, en general, se da por sentado que no hay acción consciente que pueda remediarlo. Nuestra civilización está en decadencia, y nuestra lengua, según este argumento, participa inevitablemente del desplome general. De ahí se sigue que cualquier lucha contra el mal uso de la lengua sea un arcaísmo sentimental, como preferir las velas a la luz eléctrica o los carromatos a los aviones. En todo ello subyace la creencia, más o menos consciente, de que la lengua es fruto de un desarrollo constante y natural, no un instrumento con el que damos forma a nuestras intenciones.

Es evidente que la decadencia de una lengua ha de tener, en definitiva, una serie de causas políticas y económicas; no se debe simplemente a la mala influencia de tal o cual escritor. No obstante, un efecto puede tornarse causa y reforzar la causa original, dando lugar al mismo efecto, solo que de forma intensificada, y así hasta la saciedad. Un hombre puede darse a la bebida porque se considere un fracasado, y fracasar entonces aún más porque se ha dado a la bebida. Algo parecido está ocurriendo con la lengua inglesa. Se vuelve fea e inexacta porque nuestros pensamientos rayan en la estupidez, pero el desaliño de nuestro lenguaje nos facilita caer en esos pensamientos estúpidos. Lo cierto es que este proceso es reversible. El inglés moderno, en especial su versión escrita, está trufado de hábitos pésimos que se contagian por imitación, y que podrían evitarse siempre y cuando estemos dispuestos a tomarnos las molestias necesarias. Si uno se libra de esos hábitos, podrá pensar con mayor claridad, y esto último es por fuerza un primer paso hacia la regeneración política. Así pues, la lucha contra el mal uso del inglés no es algo frívolo ni una preocupación exclusiva de los escritores profesionales. Volveré luego sobre este punto. Espero que, para entonces, el sentido de lo que acabo de decir haya quedado más claro. Mientras, he aquí cinco ejemplos de la lengua inglesa tal como se escribe hoy.

Son cinco pasajes escogidos no por ser particularmente malos —podría haber citado ejemplos mucho peores sin esforzarme demasiado—, sino porque ilustran varios de los vicios mentales de que ahora adolecemos. Están un poco por debajo de la media, pero son muestras bastante representativas. Los numero para poder hacer referencia a ellos cuando sea necesario:

1) En efecto, no estoy seguro de que no sea cierto afirmar que el Milton que en su día no parecía muy distinto de un Shelley del siglo XVII no se hubiera vuelto, debido a una experiencia cada vez más amarga con cada año que pasaba, más ajeno [*sic*] al fundador de aquella secta jesuita a quien nada le inducía a la tolerancia.

PROFESOR HAROLD LASKI,
*Ensayo sobre la libertad de expresión*

2) Sobre todo, no podemos ponernos a jugar al chipichapa con una batería de expresiones autóctonas que receta una egregia colocación de los vocablos, como en inglés básico «put up with» por «tolerate» o «put at a loss» por «bewilder».

PROFESOR LANCELOT HOGBEN,
*Interglossa*

3) Por una parte, nos encontramos la libre personalidad; por definición, no es neurótica, pues no contiene conflicto ni sueño. Sus deseos, tal como se dan, son transparentes, pues son precisamente lo que la aprobación institucional mantiene en el pri-

mer plano de la conciencia. Otro patrón institucional alteraría su cantidad y su intensidad; en ellos hay poco que sea natural, irreductible o culturalmente peligroso. Por otra parte, el vínculo social en sí mismo no es más que el mutuo reflejo de esas integridades seguras por sí mismas. Recuérdese la definición [que dimos] del amor. ¿No es esta la imagen misma de un académico de poca monta? ¿Qué lugar podrá tener, en esta sala de espejos, ya sea la personalidad, ya sea la fraternidad?

Ensayo sobre psicología publicado en
*Politics* (revista mensual de Nueva York)

4) Todos los «más notables» de los clubes para caballeros, y todos los furibundos capitanes del fascismo, aunados en un odio común hacia el socialismo, bestialmente horrorizados ante la marea creciente del movimiento revolucionario de las masas, han recurrido a actos de provocación, a un infecto afán incendiario, a las leyendas medievales de los pozos envenenados, para dar carta de naturaleza a su destrucción de las organizaciones proletarias, así como para inflamar en la pequeña burguesía un fervor chovinista, en nombre de la lucha contra la vía revolucionaria para hallar salida a la crisis.

Panfleto comunista

5) Si es preciso infundir en esta vieja nación un espíritu nuevo, hay una reforma espinosa y conflictiva que es preciso abordar, y no es otra que la humanización y galvanización de la BBC. Aquí, toda muestra de timidez será reveladora de un cáncer y de una atrofia del alma. Es posible que el corazón de Gran Bretaña sea sólido y lata con fuerza, por ejemplo, pero el rugido del león británico es a día de hoy como el de Bottom en *Sueño de una noche de verano* de Shakespeare, es decir, tan dulce como el zureo de una paloma. Una Gran Bretaña nueva y viril no puede seguir indefinidamente traduciéndose a los ojos, o más bien a los oídos, del mundo, mediante la afeminada languidez que prima en Langham Place [sede de la BBC], que tiene el descaro de ampararse, o más bien enmascararse, tras el marchamo de «inglés estándar». Cuando resuena *La Voz de Gran Bretaña* a las nueve en punto, ¡mucho mejor y menos ridículo sería oír que no se aspiran las haches [muestra de pronunciación vulgar] antes que soportar los rebuznos remilgados, altisonantes y cohibidos de institutriz mojigata con que maúllan las timoratas e inmaculadas doncellas!

Carta de un lector publicada en *Tribune*

Cada uno de estos pasajes contiene sus propias faltas, pero al margen de la fealdad evitable hay dos cualidades comunes a todos ellos. La primera es el rancio anquilosamiento de la imaginería; la segunda, la falta de precisión. El autor de cada uno, o bien parte de una idea que no consigue expresar, o bien ha dicho, por inadvertencia, algo distinto de lo que pretendía, o bien le es indiferente lo que puedan significar o no sus palabras. Esta mezcolanza de vaguedad y de incompetencia manifiesta es la característica más acusada de la moderna prosa en inglés, y, muy en especial, de cualquier escrito político. Tan pronto como se plantean determinados temas, lo concreto da paso a lo abstracto y nadie parece capaz de dar con giros lingüísticos que no sean de lo más trillado; la prosa consiste cada vez menos en palabras escogidas en aras de su sentido, y cada vez más en expresiones y frases ensambladas como si fueran las piezas de un gallinero prefabricado. A continuación doy, con notas y ejemplos, una lista de trucos habituales en la construcción de la mala prosa:

*Metáforas moribundas.* Una metáfora novedosa sirve de ayuda al evocar una imagen visual, mientras que una metáfora técnicamente «muerta» (por ejemplo, «férrea resolución») ha regresado, en efecto, al estatus de palabra corriente, y puede por lo común emplearse sin que se pierda viveza. Pero entre ambas especies hay un enorme basural de metáforas desgastadas, que han perdido todo poder de evocación y que se emplean solo porque le ahorran al usuario la molestia de inventar una expresión nueva. Ejemplos: «ring the changes on» [literalmente, «repicar los cambios»; «introducir variaciones»], «take up the cudgel for» [*cudgel*: «garrote», «porra»; «romper una lanza en favor de»], «toe the line» [literalmente, «tocar la raya con la punta del pie»; «acatar la disciplina»], «ride roughshod over» [literalmente, «pisotear con suela dura»; «despreciar», «hacer caso omiso», «atropellar»], «stand shoulder to shoulder with» [«caminar hombro con hombro con»], «play into the hands of» [«hacerle el juego a»], «no axe to grind» [literalmente, «sin hacha que afilar»; «no tener interés personal en»], «grist to the mill» [literalmente, «molienda para la muela»; «todo viene bien», «nada cae en saco roto»], «fishing in troubled waters» [«a río revuelto, ganancia de pescadores»], «rift within the lute» [literalmente, «una grieta en el laúd»; «cualquier pequeño defecto»], «on the order of the day» [«al orden del día»], «Achilles' heel» [«talón de Aquiles»], «swan song» [«canto del cisne»], «hotbed» [«hervidero», «caldo de cultivo»]. Muchas se emplean sin ni siquiera conocer su sentido (¿qué es un *rift* [«grieta», «mácula», «desconchón»; la palabra es arcaica], por ejemplo?), y es frecuente la mezcla de metáforas incompatibles, síntoma inequívoco de que al autor no le interesa demasiado lo que está diciendo. Algunas metáforas hoy habituales se han retorcido de tal modo que nada tienen que ver con su significado original, pero sin que quienes las emplean sean conscientes de ese desplazamiento. Por ejemplo, «toe the line» se escribe a veces «tow the line» [«tirar de un cabo», «remolcar»]. Otro ejemplo: «the hammer and the anvil» [«el martillo y el yunque»], que hoy se emplea siempre para indicar que el yunque lleva la peor parte. En la vida real, es el yunque el que siempre rompe el martillo, nunca al revés; cualquier escritor que se pare a pensar en lo que está diciendo se dará cuenta de ello, y evitará la perversión de la expresión original.

*Operadores* o *complementos falsos.* Ahorran la molestia de escoger los verbos y los sustantivos adecuados y, al mismo tiempo, rellenan la frase con sílabas adicionales que le dan una apariencia de mayor simetría. Ejemplos característicos: «tornar inoperante», «militar en contra», «trabar contacto con», «estar sujeto a», «dar lugar a», «dar pie a», «tener el efecto de», «desempeñar un papel importante en», «dejarse sentir», «surtir efecto», «mostrar tendencia a», «servir al propósito de», etcétera, etcétera. En vez de emplearse una sola palabra, como «romper», «detener», «estropear», «arreglar», «matar», el verbo se convierte en una frase hecha, compuesta por un sustantivo o un adjetivo adheridos a verbos que sirven prácticamente para cualquier cosa, como «probar», «servir», «formar», «desempeñar», «tornar». Asimismo, la voz pasiva se emplea siempre que es posible, prefiriéndose de largo a la voz activa, y se usan construcciones nominales en vez de las construcciones con gerundio: «mediante el examen de» en lugar de «examinando». La gama de los verbos se reduce más, si cabe, por medio del sufijo *-izar* [*-ize*] y del prefijo *de-*, *des-* [*de-*]; a muchas afirmaciones banales se les da cierto aire de profundidad por medio de la formación «no sin» [«not un-»]. Las conjunciones y preposiciones sencillas dan paso a formaciones tales como «con respecto a», «con relación a», «el hecho de que», «a fuerza de», «a la vista de», «en aras de», «en el supuesto de que». Y los finales de las frases se salvan de un anticlímax mediante el uso de tópicos tan resonantes al estilo de «como es muy de desear», «no puede dejar de tomarse en cuenta», «un desarrollo que es de esperar se produzca en un futuro inmediato», «merecedor de una seria consideración», «llevado a una conclusión satisfactoria», etcétera, etcétera.

*Dicción pretenciosa.* Palabras como «fenómeno», «elemento», «individuo», «objetivo», «categórico», «efectivo», «virtual», «básico», «primario», «promover», «constituir», «exhibir», «explotar», «instrumentar», «erradicar» o «purgar» se emplean para aliñar afirmaciones más bien insulsas y dar un aire de imparcialidad científica a juicios sesgados. Expresiones como «que hará época», «épico», «histórico», «inolvidable», «triunfante», «secular», «inevitable», «inexorable» o «legítimo» se emplean para dignificar el sórdido proceder de la política internacional, mientras que cualquier texto escrito que aspire a glorificar la guerra adquiere por lo común un tono arcaizante, siendo sus términos más asiduos «reino», «trono», «cuadriga», «mano férrea», «tridente», «espada», «escudo», «rodela», «estandarte», «yugo», «clarín». Las palabras y expresiones extranjeras, como «cul de sac», «ancien régime», «deus ex machina», «mutatis mutandis», «statu quo», «Gleichschaltung» o «Weltanschauung», se emplean para dar un aire culto y elegante al texto escrito. Salvo algunas abreviaturas útiles, como «i. e.», «e. g.» y «etc.», no existe ninguna verdadera necesidad de incorporar palabras extranjeras que hoy son corrientes en inglés. Los malos escritores, y en especial los científicos, políticos y sociólogos, suelen estar convencidos de que las palabras de extracción griega o latina son más grandiosas que las de origen anglosajón, y hay palabras innecesarias,* como «expedite» [«acelerar»], «ameliorate» [«mejorar»],

---

* Innecesarias desde el contrastado punto de vista del anglosajón purista, ya que de todas ellas existen equivalentes usuales que provienen del acervo anglosajón. *(N. del T.)*

«predict» [«predecir»], «extraneous» [«extrínseco»,
«superfluo»], «deracinated» [«desarraigado»], «clan-
destine» [«clandestino»] o «subaqueous» [«subacuá-
tico»], que de continuo ganan terreno sobre sus
opuestos de raíz anglosajona.* La jerga particular de los escritos marxistas («hyena» [«hiena»],
«hangman» [«verdugo»], «cannibal» [«caníbal»],
«petty bourgeois» [«pequeñoburgués»], «these gen-
try» [«terratenientes»], «lackey» [«lacayo»], «flunkey»
[«esbirro»], «mad dog» [«perro rabioso»], «White
Guard» [«guardia blanca»], etcétera) consta, sobre
todo, de calcos traducidos del ruso, del alemán o
del francés. La forma habitual de acuñar un vocablo nuevo es recurrir a la raíz griega o latina con
un afijo apropiado y, si es necesario, con la formación verbal -*ize*. A menudo, es más fácil acuñar
palabras de este jaez: «deregionalize», «impermis-
sible», «extramarital», «non-fragmentary», etcétera
[«desregionalizar», «impermisible», «extramarital»,

---

\* Interesante ilustración de esta tendencia es el modo
en que los nombres de las flores que en inglés corriente se
empleaban hasta hace muy poco van quedando obsoletos al
favorecerse los nombres griegos: la *snapdragon* [«boca de dra-
gón»] pasa a ser *antirrhinum*, la *forget-me-not* [«nomeolvides»]
pasa a ser *myosotis*, etcétera. Cuesta mucho trabajo entender
que exista alguna razón práctica que explique este cambio
de moda; probablemente se deba a un alejamiento instin-
tivo de la palabra más doméstica, a la vaga sensación de que
la palabra de raíz griega es más científica. *(N. del A.)*

«no-fragmentario»], que encontrar las palabras inglesas que servirían para decir lo mismo. El resultado de todo ello, en general, es un incremento notable de la vaguedad y el desaliño.

*Palabras carentes de significado.* En determinados tipos de lenguaje escrito, en particular en la crítica de arte y en la crítica literaria, es muy normal topar con largos pasajes que casi por completo carecen de significado.* Palabras como «romántico», «plástico», «valores», «humano», «muerto», «sentimental», «natural» o «vitalidad», tal como se emplean en la crítica de arte, carecen estrictamente de significado, en el sentido de que no solo no remiten a ningún objeto que sea posible descubrir, sino que prácticamente tampoco se espera que el lector lleve a cabo esa tarea de descubrimiento. Cuando un crítico escribe, por ejemplo, que «la cualidad más sobresaliente en la obra de X es su

---

* Ejemplo: «El catolicismo perceptivo y de imagen que muestra Comfort, extrañamente whitmaniano en el espectro que abarca, casi justo lo contrario en cuanto a compulsión estética, prosigue evocando esa insinuación temblorosa, ambiental, acumulativa, que remite a una intemporalidad cruel, inexorablemente serena [...] Wrey Gardiner da en el blanco al apuntar a dianas muy sencillas con toda precisión. Solo que no son tan sencillas, y a través de esa tristeza satisfecha corre bastante más que la amargura superficial de la resignación». (*Poetry Quarterly*) (*N. del A.*)

viveza», mientras que otro señala, también por escrito, que «lo que más llama la atención en la obra de X es su particular falta de vida», el lector lo acepta y lo toma por una mera diferencia de parecer. Si entrasen en juego palabras como «blanco» y «negro» en vez de «muerto» y «vivo», que son palabras de jerga, al punto se daría cuenta de que el lenguaje se emplea ahí de un modo indebido. Existe un abuso similar de muchos vocablos políticos. La palabra «fascismo» no tiene ahora significado propio, salvo en la medida en que signifique «algo que no es deseable». Las palabras «democracia», «socialismo», «libertad», «patriótico», «realista» o «justicia» tienen todas ellas varios sentidos diferentes e irreconciliables entre sí. En el caso particular de una palabra como «democracia», no solo no existe una definición consensuada, sino que cualquier intento por establecerla halla resistencia por todos lados. Se percibe de un modo casi universal que cuando decimos de un país que es democrático lo estamos elogiando; por consiguiente, los defensores de toda clase de regímenes afirman que el suyo es una democracia, y temen verse obligados a dejar de usar la palabra en el caso de que a esta se le diera otro significado. Las palabras de este tipo se emplean a menudo de una manera conscientemente deshonesta. Dicho de otro modo: la persona que las emplea tiene su definición personal, pero permite que su interlocutor crea que quiere decir algo muy distinto. Afirmaciones como «El mariscal Pétain era un verdadero patriota» o «La prensa soviética es la más libre del mundo», e incluso «La Iglesia católica se opone a toda persecución», se plasman sobre el papel, casi siempre, con intenciones engañosas. Otras palabras que se emplean con un significado variable, casi siempre con mayor o menor falta de honestidad, son «clase», «totalitario», «ciencia», «progresista», «reaccionario», «burgués», «igualdad».

Una vez confeccionado este catálogo de estafas y perversiones, permítaseme dar otro ejemplo del tipo de texto al que conducen. Esta vez ha de ser un ejemplo imaginario. Voy a traducir un pasaje de inglés excelente a un inglés moderno de la peor calaña. He aquí un fragmento conocido de sobra, tomado del Eclesiastés:

> Torneme, y vi debajo del sol que ni es de los ligeros la carrera, ni la guerra de los fuertes, ni aun de los sabios el pan, ni de los prudentes la riqueza, ni de los elocuentes la gracia, mas que tiempo y ocasión acontecen a todos.*

* «I returned, and saw under the sun, that the race is not to the swift, nor the battle to the strong, neither yet bread to the wise, nor yet riches to men of understanding,

LA POLÍTICA Y LA LENGUA INGLESA

He aquí el mismo fragmento modernizado:

La consideración objetiva de los fenómenos contemporáneos obliga la conclusión de que el éxito o el fracaso en las actividades competitivas no exhiben una tendencia clara a corresponderse con la capacidad innata, sino que es preciso tener invariablemente muy en cuenta un elemento no desdeñable de imprevisibilidad.*

Se trata de una parodia, pero no es descabellada. El ejemplo (3), antes citado, sin ir más lejos, contiene varias incrustaciones del mismo tipo de inglés. Se notará que no he realizado una traducción completa. El comienzo y el final de la frase se pliegan estrechamente al sentido del original, aunque las ilustraciones concretas del medio —la carrera, la guerra, el pan— se disuelven en esa vaga expresión, «el éxito o el fracaso en las actividades competitivas». Así tenía que ser, porque ningún escritor moderno, del tipo de los que aquí reseño

---

not yet favour to men of skill; but time and chance happenneth to them all.»

* «Objective consideration of contemporary phenomena compels the conclusion that success or failure in competitive activities exhibits no tendency to be commensurate with innate capacity, but that a considerable element of the unpredictable must invariably be taken into account.»

—es decir, nadie capaz de emplear una expresión como «la consideración objetiva de los fenómenos contemporáneos»—, presentará jamás sus pensamientos de esa manera precisa y detallada. Analicemos más a fondo las dos frases. La primera contiene cuarenta y nueve palabras y solo sesenta sílabas, y las palabras que emplea son cotidianas, mientras que la segunda contiene treinta y ocho palabras, pero noventa sílabas; diez de los vocablos son de raíz latina y uno es de extracción griega.*
La primera frase contiene seis imágenes visuales muy claras, y una sola expresión («tiempo y ocasión») que podría considerarse imprecisa. La segunda no contiene una sola expresión que tenga frescura, que deslumbre, y, a pesar de las noventa sílabas, solo representa una versión abreviada del sentido que se contiene en la primera. Ahora bien, sin ninguna duda es esta segunda clase la que va ganando terreno en el inglés moderno. No quisiera exagerar. Esta clase de texto aún no es universal, y brotes de sencillez seguirán apareciendo aquí y allá, hasta en las páginas peor escritas. Sin embargo, si usted, lector, o yo tuviéramos que escribir unas líneas sobre la incertidumbre de la for-

---

* Los cómputos hacen referencia a las frases originales en inglés. De sobra es sabida la abundancia de palabras monosílabas y bisílabas en el mejor inglés de raigambre anglosajona. *(N. del T.)*

tuna humana, seguramente nos acercaríamos mucho más a mi frase imaginaria que a la frase del Eclesiastés, 9: 11.

Tal como he tratado de demostrar, la moderna lengua escrita en su peor vertiente no consiste en escoger las palabras en aras de su significado ni en inventar imágenes para que el sentido quede más claro. Consiste en pegar unas con otras largas retahílas de palabras que ya están acuñadas como tales, que otros han puesto en orden, y ofrecer un resultado presentable por medio de patrañas y embauques. El atractivo que tiene este tipo de escritura es que resulta muy fácil. Es más fácil —y más veloz, cuando se tiene la costumbre— decir: «A mi juicio, no es una suposición injustificable…», que decir: «Pienso que…». Cuando se utilizan frases hechas a medida, no solo no es preciso buscar la palabra idónea, sino que tampoco lo es preocuparse por el ritmo de la frase, toda vez que estas frases están por lo común dispuestas de modo que resulten más o menos eufónicas. Cuando uno escribe con prisas —cuando dicta a una taquígrafa, por ejemplo, o cuando redacta un discurso—, es natural caer en ese estilo pretencioso y latinizante. Remoquetes como «una consideración que haríamos bien en tener muy presente» o «una conclusión con la que todos estaremos enseguida de acuerdo» salvan muchas frases de ese descenso de tono a menudo ineludible. Al emplear metáforas rancias, símiles y frases anquilosadas, uno se ahorra mucho esfuerzo mental, aun a costa de que el sentido de lo dicho le resulte vago y difuso no ya al lector, sino también a uno mismo. Ese es el sentido que tienen las metáforas mezcladas e incompatibles. Cuando hay un choque de imágenes —por ejemplo, en «El pulpo fascista ha entonado su canto del cisne, el yugo [opresor] ha sido arrojado al crisol»—, podemos estar seguros de que el escritor no ha percibido una imagen mental clara de los objetos que enumera. Dicho de otro modo, no piensa. Véanse los ejemplos que aduje al principio de este ensayo. El profesor Laski (1) emplea cinco negaciones en cincuenta y tres palabras. Una de ellas es superflua, y convierte todo el pasaje en algo ininteligible o en mera paparrucha; además, incurre en un patinazo verbal al escribir «ajeno» [«alien»] por «afín» [«akin»], acentuando así la ininteligibilidad, por no hablar de varias torpezas gratuitas que incrementan la vaguedad general de la muestra. El profesor Hogben (2) juega al chipichapa con una batería de expresiones capaces de extender recetas, y, si bien desaconseja una expresión tan cotidiana como «put up with», parece reacio a consultar en el diccionario qué significa «egregia». En (3), si uno adopta una actitud poco o nada caritativa, solo se capta una total ausencia de sentido; es probable que se pudiera entender el sentido que se pretendía comunicar leyendo la totalidad del artículo del que está tomado el ejemplo. En (4), el autor, más o menos, sabe qué pretende decir, pero la acumulación de expresiones revenidas y anquilosadas lo sofoca tal como las hojas del té atascan el desagüe del fregadero. En (5), las palabras y su sentido prácticamente se han despedido para siempre unas del otro. La gente que escribe de este modo, por lo común, trata de comunicar un significado de índole emocional; les desagrada una cosa y desean expresar su solidaridad con otra, pero no se toman la molestia de descender al detalle de lo que dicen. Un escritor más escrupuloso se preguntará ante cada una de sus frases, al menos, cuatro cosas: ¿qué trato de decir?; ¿con qué palabras puedo expresarlo?; ¿qué imagen o frase hecha lo dirá más claro?, y, por último, ¿tiene esta imagen la frescura suficiente para causar en el lector el efecto deseado? Y aun es probable que se formule otras dos: ¿podría decirlo de manera más sucinta?, y ¿he dicho algo que tenga una fealdad evitable? Nadie tiene la obligación de tomarse tantas molestias, por descontado. Se puede esquivar todo ello abriendo de par en par la mente, sin más, y dejando que entren en tropel todas las expresiones hechas. Ellas serán las que construyan las frases sin esfuerzo. Es más: pensarán por sí solas, ahorrándonos las molestias, al menos hasta cierto punto, y, cada vez que sea necesario, nos prestarán el importante servicio de ocultar parcialmente lo que uno quiere decir, disimulándolo, incluso, para uno mismo. Es aquí donde la especial relación existente entre la política y el envilecimiento del lenguaje resulta obvia.

En nuestra época es una verdad muy extendida que los textos políticos son escritos de mala calidad. En los casos en que eso no sea verdad, por lo común se descubrirá que el escritor es una especie de rebelde, que expresa sus opiniones particulares en vez de plegarse a la «línea del partido». La ortodoxia, sea del color que sea, parece exigir un estilo inerte, puramente imitativo. Los idiolectos políticos que se hallan en panfletos, artículos de opinión, manifiestos, libros blancos o en los discursos de los subsecretarios varían, como es natural, de un partido a otro, pero todos son iguales, por cuanto casi nunca se halla en ellos un giro expresivo realmente fresco, vívido, original. Cuando uno observa a un plumífero cansado que ha subido al estrado de turno y que mecánicamente repite las mismas frases de siempre —«atrocidades bestiales», «mano férrea», «tiranía sangrienta», «pueblos libres del mundo», «caminar hombro con hombro»—, tiene a menudo la curiosa sensación de no estar viendo a un ser humano, sino a una especie de monigote de feria, y esa sensación se refuerza en las ocasiones en que la luz se prende en las lentes del orador y las convierte en dos discos opacos tras los cuales parece que ni siquiera hubiera unos ojos. Y no es producto de la imaginación. Un orador que recurre a tal fraseología ha recorrido un buen trecho del camino para convertirse en una máquina. De su laringe brotan los sonidos apropiados, pero su cerebro no participa en la operación, o no, al menos, tal como sucedería si estuviera eligiendo él mismo sus palabras. Si el discurso que pronuncia es uno que está acostumbrado a repetir una y mil veces, tal vez sea incluso absolutamente inconsciente de lo que dice, como sucede cuando uno pronuncia los responsos en la iglesia. Y ese estado de conciencia reducida, si no indispensable, es cuando menos propicio a la conformidad política.

En nuestro tiempo, el discurso oral y el discurso escrito de la política son, en gran medida, la defensa de lo indefendible. Hechos como la prolongación del dominio colonial británico en la India, las purgas y deportaciones de Rusia o el lanzamiento de las bombas atómicas en Japón pueden, sin duda, defenderse, pero solo mediante argumentos que son demasiado brutales para la mayoría de los seres humanos, y que tampoco casan con los objetivos expresos de los partidos políticos. Por eso, el lenguaje de la política ha de consistir, sobre todo, en eufemismos, en interrogantes, en mera vaguedad neblinosa. Se bombardean aldeas indefensas desde el aire, sus habitantes son expulsados al campo, se ametralla al ganado y se pega fuego a las chozas con balas incendiarias; a esto se le llama «pacificación». Se despoja a millones de campesinos de sus parcelas cultivadas y se les envía a pie por la carretera, provistos tan solo de lo que puedan llevar encima; a esto se le llama «desplazamiento de habitantes» o «rectificación de las fronteras». Se encarcela a las personas durante años, sin juicio previo, o se les pega un tiro en la nuca, o se las manda a morir de escorbuto en los campos de trabajos forzados del Ártico; a esto se le llama «eliminación de elementos en los que no se puede confiar». Semejante fraseología es imprescindible cuando uno ha de llamar a las cosas de un modo que no evoque una imagen mental de ellas. Pensemos, por ejemplo, en un cómodo profesor inglés que defendiera el totalitarismo ruso. No podrá decir a las claras: «Creo que es bueno matar a nuestros adversarios cuando de ello pueden obtenerse buenos resultados». Probablemente, más bien diría algo así:

Si bien libremente admito que el régimen soviético exhibe determinados rasgos que la persona humanitaria sentirá inclinación a deplorar, debemos, en mi opinión, estar de acuerdo en que un cierto recorte del derecho a la oposición política constituye una concomitancia inevitable en los periodos de transición, y que los rigores que el pueblo ruso ha sido llamado a sufrir han tenido una amplia justificación en la esfera de los logros concretos.

La grandilocuencia del estilo ya es, de por sí, una especie de eufemismo. Sobre la realidad cae una masa de palabras latinas como si fueran una nieve esponjosa, que desdibuja los perfiles y encubre los detalles. El gran enemigo de una lengua clara es la falta de sinceridad. Cuando se abre una brecha entre los objetivos reales que uno tenga y los objetivos que proclama, uno acude instintivamente, por así decirlo, a las palabras largas y a las expresiones más fatigadas, como una sepia que lanza un chorro de tinta. En nuestro tiempo no existe eso que se ha dado en llamar «mantenerse al margen de la política». Cualquier cuestión es política, y la política misma es un amasijo de mentiras, evasivas, estupideces, delirios, odio y esquizofrenia. Cuando el ambiente general empeora, el lenguaje lo acusa. Es muy de suponer —se trata de una conjetura que no puedo verificar por falta de conocimientos suficientes— que el alemán, el ruso y el italiano se han deteriorado en los últimos diez o quince años de resultas de la dictadura.

Ahora bien, si el pensamiento corrompe la lengua, también la lengua puede corromper el pensamiento. Un mal uso del lenguaje puede extenderse mediante la tradición y la imitación, incluso entre aquellas personas que deberían saber que es algo nefasto. El lenguaje vilipendiado y rebajado que he comentado es, en algunos sentidos, muy conveniente. Expresiones como «una suposición que no es injustificable», «deja mucho que desear», «no serviría a un buen fin» o «una consideración que haríamos bien en tener muy presente» constituyen una tentación continua, una caja de aspirinas que conviene tener siempre a mano. Si se repasa este ensayo, el lector de seguro hallará que una y otra vez he cometido las mismas faltas contra las cuales protesto. En el correo de esta mañana he recibido un panfleto que versa sobre las actuales condiciones en que vive Alemania. El autor me dice que se ha «sentido impelido» a escribirlo. Lo abro al azar; he aquí casi la primera frase que leo: «[Los aliados] tienen una oportunidad no solo de lograr una transformación radical de la estructura social y política de Alemania, de tal modo que sea posible evitar una reacción nacionalista en la propia Alemania, sino también de sentar los cimientos de una Europa cooperativa y unificada». Téngase en cuenta que «se siente impelido» a escribir; siente, es de suponer, que tiene algo nuevo que decir al respecto, si bien sus palabras, como los caballos de la caballería en respuesta al toque de corneta, se agrupan automáticamente y forman una escuadrilla familiarmente tediosa. La invasión que sufre la mente por parte de las expresiones prefabricadas («sentar los cimientos», «lograr una transformación radical») solo se puede impedir si uno se mantiene constantemente en guardia frente a ellas y si tiene en cuenta que cada una de ellas anestesia una porción del cerebro.

Dije con anterioridad que la decadencia del lenguaje probablemente es algo que se puede curar. Quienes lo nieguen aducirán, si es que consiguen idear un argumento, que el lenguaje es tan solo un reflejo de las condiciones sociales existentes, y que no podemos influir en su desarrollo mediante ninguna intervención directa, mediante ningún ajuste de las palabras y las construcciones verbales. Por lo que atañe al tono general o al espíritu de una lengua, tal vez sea cierto, pero no lo es cuando descendemos a los detalles. Las palabras y expresiones más necias a menudo han desaparecido, y no por medio de un proceso evolutivo, sino gracias a la acción consciente de una minoría. Pongo dos ejemplos recientes, «explorar todas las opciones» y «no dejar piedra sobre piedra», dos giros verbales que han desaparecido gracias a las mofas de unos cuantos periodistas. Hay una larga lista de metáforas muy manidas que podrían suprimirse del mismo modo, siempre y cuando fueran suficientes las personas interesadas en acometer esa tarea. También tendría que ser posible reírse a carcajadas ante la construcción «no sin», hasta el punto de acabar con su existencia,* y reducir la cantidad de palabras de raíz griega y latina en cada frase, expulsar del uso corriente los giros extranjeros y los términos científicos que no vienen al caso y, en general, restar a la pretensión todo el brillo que tiene. Pero estas son cuestiones menores. La defensa de la lengua inglesa implica mucho más. Quizá sea preferible empezar por anunciar qué es lo que no implica.

De entrada, no tiene nada que ver con expresiones arcaizantes, con la recuperación de palabras y giros obsoletos, ni con el establecimiento de un «inglés estándar» del que no conviene alejarse nunca (al contrario, importa de manera especial prescindir de todas aquellas palabras y giros cuya utilidad haya caducado). No tiene nada que ver con la corrección gramatical y sintáctica, que no poseen la menor importancia mientras uno se exprese con claridad. No tiene nada que ver con evitar los americanismos, ni con eso que se llama «un buen estilo en prosa». Por otra parte, no tiene nada que ver con la falsa sencillez, con el intento de escribir un inglés coloquial. Tampoco guarda re-

* Es posible vacunarse contra la expresión «not un-» [«no sin»] memorizando esta frase: «A not unblack dog was chasing a not unsmall rabbit across a not ungreen field». [«Un perro no sin ser negro perseguía a un conejo no sin ser pequeño a través de un campo no sin ser verde».] *(N. del A.)*

lación con el hecho de preferir siempre el término anglosajón antes que el latino, aunque sí entraña el uso de las palabras más breves, y del menor número posible de ellas, que sirvan para transmitir lo que se desea decir. Lo que ante todo se necesita es dejar que el sentido escoja la palabra, y no a la inversa. En prosa, lo peor que se puede hacer con las palabras es rendirse a ellas. Cuando uno piensa en un objeto concreto, piensa sin palabras; si aspira a describir lo que ha visualizado, probablemente se ponga a rebuscar hasta dar con las palabras exactas que encajen mejor. Cuando uno piensa en algo abstracto, se siente más inclinado a emplear palabras desde el principio, y a menos que haga un esfuerzo consciente por abstenerse, el idiolecto existente entrará a saco y realizará el trabajo que uno iba a hacer, a expensas de desdibujar lo que se quería decir e incluso de trastocarlo. Probablemente sea mejor aplazar el empleo de las palabras todo lo que sea posible, y esclarecer antes el sentido como mejor se pueda, por medio de imágenes y sensaciones. Después se podrán escoger —no solo aceptar— las expresiones que mejor transmitan el significado, para proceder luego en sentido inverso y decidir qué impresión van a causar en otra persona las palabras que use. Este último esfuerzo mental suprimirá todas las imágenes revenidas, anquilosadas o mezcladas, todas las frases prefabricadas, todas las repeticiones innecesarias, todas las paparruchas y vaguedades. Cierto es que uno, a veces, puede dudar sobre el efecto de un giro o de un vocablo, por lo cual necesita reglas de las que fiarse cuando falle el instinto. Creo que estas son seis reglas que abarcarán casi todos los casos posibles:

1. No utilizar jamás una metáfora, símil u otra figura del discurso que uno suela ver impresa.

2. No utilizar jamás una palabra larga si se puede emplear una corta.

3. Si es posible suprimir una palabra, hacerlo siempre.

4. No utilizar jamás la voz pasiva donde puede emplearse la voz activa.

5. No utilizar jamás un giro extranjero, un término científico, un vocablo de jerga donde pueda emplearse un equivalente del inglés cotidiano.

6. Saltarse siempre cualquiera de estas reglas antes que decir alguna barbaridad.

Estas normas suenan demasiado elementales, y a buen seguro lo son, pero exigen un profundo cambio de actitud en todo el que se haya acostumbrado a escribir en el estilo que hoy está de moda. Es posible cumplirlas todas y seguir escribiendo un inglés pésimo, pero al menos no será posible escribir el tipo de textos que quise representar con las cinco citas que incluí al principio de este artículo.

No he querido considerar aquí el uso literario de la lengua, sino tan solo la lengua en calidad de instrumento para expresar, no para ocultar ni para ahogar el pensamiento. Stuart Chase y algunos más han estado a punto de afirmar que todo término abstracto carece de sentido, utilizando la proclama como pretexto para abogar por una especie de quietismo en el ámbito de la política. Como no se sabe qué es el fascismo, ¿cómo puede uno combatir al fascismo? No es preciso tragarse absurdos como este, aunque sí deberíamos reconocer que el caos político de la actualidad está vinculado con el declive del lenguaje y que uno, probablemente, pueda aportar ciertas mejoras comenzando por el plano verbal. Si uno simplifica su inglés, se verá libre de las peores estupideces de la ortodoxia. No puede uno hablar en todos los idiolectos necesarios, y cuando suelte un comentario estúpido, su estupidez le resultará evidente incluso a quien lo haga. El lenguaje político —y, aunque con variaciones, esto es cierto en el caso de todos los partidos, desde los conservadores hasta los anarquistas— está diseñado para que las mentiras suenen a verdad y los asesinatos parezcan algo respetable; para dar aspecto de solidez a lo que es puro humo. Esto no se puede cambiar de un día para otro, pero al menos puede uno cambiar sus hábitos y de vez en cuando, si se ríe y se mofa alto y claro, incluso mandar algunas expresiones desgastadas e inservibles —«la bota y el yugo», el «talón de Aquiles», el «caldo de cultivo», el «crisol», la «prueba del ácido», el «verdadero infierno» y demás grumos de residuo verbal— al cubo de la basura, que es el sitio que les corresponde.

Payments Book, 11 de diciembre de 1945;
*Horizon*, abril de 1946

# 8

## Delante de las narices

Muchas declaraciones recientes publicadas en la prensa afirman que es casi —si no totalmente— imposible que extraigamos todo el carbón que necesitamos para el consumo y la exportación, debido a la imposibilidad de convencer a una cantidad suficiente de mineros de que se queden en las minas. Unas estimaciones que vi la semana pasada cifraban las «bajas» anuales de mineros en sesenta mil y la entrada anual de nuevos trabajadores en diez mil. Al mismo tiempo, a veces en la misma columna del mismo periódico, se ha afirmado que no sería aconsejable recurrir a los obreros polacos o alemanes porque esto aumentaría los niveles de desempleo en la industria del carbón. Las dos declaraciones no siempre proceden de las mismas fuentes, pero sin duda hay mucha gente capaz de albergar a la vez estas ideas totalmente contradictorias.

Esto no es más que un ejemplo de una forma de pensar que está muy extendida, y que quizá siempre lo haya estado. Bernard Shaw, en el prefacio a *Androcles y el león*, cita otro ejemplo: el primer capítulo del Evangelio de Mateo, que empieza estableciendo que José, padre de Jesús, descendía de Abraham. En el primer versículo se describe a Jesús como «hijo de David, hijo de Abraham», y entonces se recorre la genealogía a lo largo de quince versículos; pero luego, dos más abajo, se explica que, de hecho, Jesús no descendía de Abraham, puesto que no era hijo de José. Esto, afirma Shaw, no supone ningún problema para un creyente, y menciona como caso paralelo la revuelta en el East End londinense de los partidarios del presunto Roger Tichborne, que afirmaban que estaban despojando de sus derechos a un obrero británico.*

Desde el punto de vista médico, creo que esta forma de pensamiento se llama esquizofrenia; en todo caso, es el poder de albergar simultáneamente dos creencias que se anulan la una a la otra. Estrechamente vinculado a este poder, está el de ignorar hechos que son obvios e inalterables, y a los

---

* Roger Tichborne era un baronet que desapareció en un naufragio en 1854. Años después, un carnicero australiano se presentó asegurando ser Tichborne y reclamando su título y su herencia, una cruzada en la que contó con gran apoyo popular, pues se lo consideraba un obrero al que la familia Tichborne, al negarse a reconocerlo, le estaba arrebatando sus derechos. *(N. de la T.)*

que habrá que hacer frente antes o después. Es en particular en nuestro pensamiento político donde prosperan estos vicios. Dejen que saque unos cuantos casos de muestra de la chistera. No existe ninguna conexión esencial entre ellos; no son más que ejemplos, tomados casi al azar, de cómo las personas obvian hechos evidentes e inequívocos de los que sí son conscientes en otra parcela mental.

*Hong Kong.* Desde muchos años antes de la guerra, todo aquel que conociera las condiciones del Lejano Oriente sabía que nuestra posición en Hong Kong era insostenible y que lo perderíamos tan pronto como estallara una guerra importante. Esta idea, sin embargo, era intolerable, y nuestros gobiernos, uno tras otro, siguieron aferrándose a Hong Kong en lugar de devolvérselo a los chinos. Incluso destinaron más soldados al enclave, con la certeza de que los harían prisioneros inútilmente, pocas semanas antes de que empezara el ataque japonés. Luego la guerra llegó, y Hong Kong cayó de inmediato; tal como sabía todo el mundo desde el principio.

*El reclutamiento obligatorio.* Desde años antes de la guerra, prácticamente toda persona ilustrada estaba a favor de plantarle cara a Alemania y, al mismo tiempo, la mayoría estaban en contra de poseer el armamento suficiente para que esa oposición surtiera efecto. Conozco muy bien los argumentos que se presentan en defensa de esta actitud; algunos están justificados, pero en general no son más que excusas retóricas. Aún en 1939, el Partido Laborista votó en contra del reclutamiento obligatorio, una decisión que seguramente contribuyó a la firma del pacto germano-soviético y que sin duda tuvo un efecto desastroso sobre la moral en Francia. Luego llegó 1940, y estuvimos a punto de perecer por no contar con un ejército numeroso y eficiente, que solo podríamos haber tenido si hubiésemos implantado el reclutamiento obligatorio al menos tres años antes.

*La tasa de natalidad.* Hace veinte o veinticinco años, a la contracepción y el progresismo se los consideraba casi sinónimos. Aún a día de hoy, la mayoría de la gente sostiene —y este argumento se expresa de diversas maneras, pero siempre se reduce más o menos a lo mismo— que las familias numerosas son inviables por motivos económicos. Al mismo tiempo, es bien sabido que la tasa de natalidad es más alta en las naciones con un nivel de vida más bajo y, en nuestra propia población, entre los sectores peor remunerados. Se arguye, además, que una población más reducida equivaldría a menos desempleo y a un bienestar mayor para todo el mundo, cuando, por otra parte, está probado que una población menguante y envejecida se enfrenta a problemas económicos calamitosos y tal vez irresolubles. Inevitablemente, las cifras son inciertas, pero es bastante probable que en apenas setenta años nuestra población ascienda a unos once millones de personas, de las cuales más de la mitad serán pensionistas de edad avanzada. Dado que, por motivos complejos, la mayoría de la gente no quiere una familia numerosa, estos datos aterradores pueden habitar en un lugar u otro de sus conciencias, conocidos e ignorados simultáneamente.

*La ONU.* Con el fin de ser mínimamente eficaz, una organización mundial debe ser capaz de imponerse a los estados grandes igual que a los pequeños. Debe tener poder para inspeccionar y limitar los armamentos, lo que significa que sus funcionarios deben tener acceso al último centímetro cuadrado de cualquier país. También debe tener a su disposición una fuerza armada superior a cualquier otra y que responda solo ante la propia organización. Los dos o tres estados que realmente cuentan no han tenido jamás la intención de acceder a ninguna de estas condiciones, y han dispuesto la constitución de la ONU de tal modo que sus propias acciones ni siquiera puedan ser debatidas. En otras palabras: la utilidad de la ONU como instrumento de la paz mundial es nula. Esto era tan obvio antes de que empezara a funcionar como lo es ahora. Y, sin embargo, hace unos meses millones de personas bien informadas estaban convencidas de que iba a ser un éxito.

No sirve de nada ofrecer más ejemplos. La clave es que todos somos capaces de creer cosas que sabemos que no son ciertas, y luego, cuando finalmente se demuestra que estamos equivocados, manipular descaradamente los hechos para demostrar que teníamos razón. Desde el punto de vista intelectual, es posible prolongar este proceso durante un tiempo indefinido; lo único que le pone freno es que, antes o después, las creencias falsas chocan contra la tozuda realidad, normalmente en el campo de batalla.

Cuando uno constata la esquizofrenia imperante de las sociedades democráticas, las mentiras que se cuentan con propósitos electoralistas, el silencio sobre cuestiones importantes, las distorsiones de la prensa, se siente tentado a creer que en los países totalitarios hay menos patrañas, que se afrontan más los hechos. Allí, al menos, las élites gobernantes no dependen del favor popular, y pueden decir la verdad brutalmente y sin adornos. Goering podía decir: «Primero los cañones y luego la mantequilla», mientras que sus homólogos demócratas tenían que envolver el mismo sentimiento en cientos de palabras hipócritas.

Lo cierto, sin embargo, es que la realidad se

evita de un modo muy parecido en todas partes, y ello tiene consecuencias muy similares. Al pueblo ruso le enseñaron durante años a pensar que estaba más acomodado que cualquier otro, y los carteles de propaganda mostraban a familias rusas sentadas en torno a comidas abundantes mientras el proletariado de otros países se moría de hambre en los barrios bajos. Al mismo tiempo, los obreros de los países occidentales vivían mucho mejor que los de la URSS; tanto, que evitar el contacto entre los ciudadanos soviéticos y los extranjeros tenía que ser un principio rector de la política. Entonces, como resultado de la guerra, millones de rusos de a pie se adentraron en Europa, y cuando vuelvan a casa, esa elusión de la realidad se pagará inevitablemente en forma de fricciones de diversos tipos. Los alemanes y los japoneses perdieron la guerra en muy buena medida porque sus gobernantes fueron incapaces de ver hechos que resultaban evidentes para un ojo imparcial.

Ver lo que uno tiene delante de las narices precisa una lucha constante. Algo que sirve de ayuda es llevar un diario o, al menos, algún tipo de registro de nuestras opiniones sobre sucesos importantes. De otro modo, cuando alguna creencia particularmente absurda se vaya al traste por los acontecimientos, puede que olvidemos que la sostuvimos alguna vez. Las predicciones políticas acostumbran a ser erróneas, pero incluso cuando hacemos una predicción correcta, puede ser muy instructivo descubrir por qué acertamos. En general, solo lo logramos cuando nuestros deseos o nuestros miedos coinciden con la realidad. Si aceptamos esto, no podemos, claro está, deshacernos de nuestros sentimientos subjetivos, pero sí podemos aislarlos hasta cierto punto de nuestras opiniones y realizar predicciones en frío, por las reglas de la aritmética. En su vida privada, la mayoría de la gente es bastante realista; cuando uno elabora su presupuesto semanal, dos y dos suman invariablemente cuatro. La política, por su parte, es una especie de mundo subatómico o no euclidiano en el que es bastante fácil que la parte sea mayor que el todo, o que dos objetos estén en el mismo punto simultáneamente. De ahí las contradicciones y los absurdos que he recogido más arriba, todos ellos atribuibles en último término a la creencia secreta de que nuestras opiniones políticas, a diferencia del presupuesto semanal, no tendrán que someterse a la prueba de la tozuda realidad.

*Tribune*, 22 de marzo de 1946

# 9

# Los escritores y el Leviatán

La posición del escritor en una época de control estatal es un tema que ya se ha discutido con bastante amplitud, aunque la mayor parte de las pruebas que podrían ser relevantes no están disponibles todavía. No quiero expresar aquí una opinión favorable o contraria al mecenazgo estatal de las artes, sino solo señalar que el tipo de Estado que nos gobierna debe depender parcialmente de la atmósfera intelectual prevaleciente; es decir, y en este contexto, en parte de la actitud de los propios escritores y artistas y, en parte, de su deseo o no de mantener vivo el espíritu del liberalismo. Si dentro de diez años nos encontrásemos arrastrándonos frente a alguien como Zhdanov, será probablemente porque es lo que nos merecíamos. Obviamente, la intelectualidad literaria inglesa ya alberga fuertes tendencias totalitarias, pero en estas páginas no me ocupo de ningún movimiento organizado y consciente como el comunismo, sino tan solo del efecto que sobre la gente bienintencionada tienen el pensamiento político y la necesidad de tomar partido desde el punto de vista político.

Vivimos en una época política. La guerra, el fascismo, los campos de concentración, las porras de goma, las bombas atómicas, etcétera, son los temas en los que pensamos a diario y, por tanto, aquellos sobre los que en gran medida escribimos, incluso cuando no los mencionamos abiertamente. No podemos evitarlo. Cuando estás en un barco que se hunde, tus pensamientos versan sobre barcos que se hunden. Pero no solo los temas de los que tratamos están acotados, sino que toda nuestra actitud hacia la literatura está teñida de lealtades que al menos de vez en cuando reconocemos como no literarias. A menudo tengo la sensación de que la crítica literaria es fraudulenta incluso en las mejores épocas, dado que, a falta de alguna pauta aceptada —alguna referencia externa que pueda dar sentido a la afirmación de que tal o cual libro es «bueno» o «malo»—, todo juicio literario consiste en inventar una serie de reglas para justificar una preferencia instintiva. La verdadera reacción de uno hacia un libro, cuando se tiene, es por regla general «me gusta este libro» o «no me gusta este libro», y lo que sigue es una racionalización. Pero «me gusta este libro» no es, a mi juicio, una reacción no literaria; la reacción no literaria es decir: «Este libro es de mi bando y, por tanto, tengo que hallar mérito en él». Por supuesto, cuando uno alaba un libro por motivos políticos puede ser sincero desde el punto de vista emocional, en el sentido de que siente una fuerte aprobación hacia él, pero también sucede con frecuencia que la solidaridad partidista requiere de una simple mentira. Cualquier persona acostumbrada a reseñar libros para publicaciones políticas es bien consciente de ello. En general, si escribes para un periódico con el que estás de acuerdo, pecas por comisión, y si lo haces para uno con el que discrepas, por omisión. En cualquier caso, innumerables libros controvertidos —libros a favor o en contra de la Rusia soviética, a favor o en contra del sionismo, a favor o en contra de la Iglesia católica— son juzgados antes de ser leídos, y de hecho antes de ser escritos; uno sabe de antemano qué recepción tendrán en qué periódicos. Y aun así, con una falta de sinceridad que a veces no es consciente ni siquiera en una cuarta parte de los casos, se sostiene que se están aplicando pautas literarias genuinas.

Por supuesto, la invasión de la literatura por la política estaba destinada a acontecer. Tenía que ocurrir aun cuando el problema especial del totalitarismo nunca hubiera surgido, porque hemos desarrollado una especie de escrúpulo del que nuestros abuelos carecían, una conciencia sobre la injusticia y la miseria enormes que imperan en el mundo, y un sentimiento de culpabilidad en virtud del cual uno debería hacer algo al respecto, de tal modo que una actitud puramente estética hacia la vida sea totalmente imposible. Nadie podría dedicarse ahora a la literatura tan de lleno como Henry James o Joyce. Pero, desafortunadamente, aceptar la responsabilidad política significa también entregarse a ortodoxias y a «líneas de partido», con toda la ingenuidad y deshonestidad que ello implica. Al contrario que los escritores victorianos, tenemos la desventaja de vivir entre ideologías políticas bien definidas y de saber generalmente de un simple vistazo qué textos son heréticos. Un intelectual literario moderno vive y escribe en un constante temor (no, por cierto, de la opinión pública en el sentido amplio de la palabra, sino de la opinión pública de su propio grupo). Por fortuna, suele haber más de un grupo, pero en todo momento también impera una ortodoxia dominante, y enfrentarse a ella requiere de una piel gruesa y, en ocasiones, significa reducir los ingresos propios a la mitad durante años. Obviamente, durante los últimos quince años, la ortodoxia dominante, especialmente entre los jóvenes, ha sido la «izquierda». Las palabras clave son «progresista», «democrático» y «revolucionario», mientras que los sambenitos que hay que evitar a toda costa que te cuelguen son «burgués», «reaccionario» y «fascista». Hoy en día, casi todo el mundo, incluidos la mayoría de los católicos y conservadores, es «progresista», o al menos desea ser considerado así. Nadie, que yo sepa, se describe a sí mismo como «burgués», del mismo modo que nadie que sea lo bastante culto para haber oído la palabra admite jamás ser antisemita. Todos somos buenos demócratas, antifascistas y antiimperialistas, despreciamos las distinciones de clase, somos inmunes al prejuicio racial, etcétera, etcétera. Tampoco cabe la menor duda de que la ortodoxia «izquierdista» actual es mejor que la ortodoxia conservadora pietista, más bien esnob, que predominaba hace veinte años, cuando el *Criterion* y (en menor medida) el *London Mercury* eran las revistas literarias dominantes, puesto que, al menos, su objetivo implícito es una forma viable de sociedad que un gran número de personas en efecto desean. Aun así, también tiene sus propias falsedades, que, al no poder ser admitidas, hacen que sea imposible la discusión seria de ciertas preguntas.

Toda la ideología de izquierdas, científica y utopista, la desarrolló gente que no tenía ninguna posibilidad inmediata de alcanzar el poder, y, por consiguiente, era una ideología extremista, que despreciaba a los reyes, los gobiernos, las leyes, las prisiones, las fuerzas policiales, los ejércitos, las banderas, las fronteras, el patriotismo, la religión, la moralidad convencional y, de hecho, el *statu quo* en su totalidad. Hasta hace bastante poco, las fuerzas de la izquierda en todos los países luchaban contra una tiranía que parecía invencible, y era fácil pensar que si esa tiranía en particular —el capitalismo— pudiera ser derrocada, el socialismo la reemplazaría. Asimismo, la izquierda había heredado del liberalismo ciertas creencias claramente cuestionables, como la de que la verdad siempre prevalece y la de que la persecución se derrota a sí misma, o la de que el hombre es bueno por naturaleza y solo lo corrompe su entorno. Esta ideología perfeccionista ha arraigado en casi todos nosotros, y es en su nombre que protestamos cuando, por ejemplo, un gobierno laborista vota a favor de conceder unos ingresos enormes a las hijas del rey o muestra sus reservas en cuanto a la nacionalización del acero. Pero en nuestras mentes también hemos acumulado toda una serie de contradicciones que no queremos admitir, como resultado de encontronazos sucesivos con la realidad.

El primer gran encontronazo fue la Revolución rusa. Por razones algo complejas, casi toda la izquierda inglesa se ha visto impelida a aceptar el régimen ruso como «socialista» al tiempo que reconoce en silencio que su espíritu y sus prácticas están muy alejados de cualquier cosa que se entienda por «socialismo» en este país. De ahí que haya surgido una especie de manera esquizofrénica de pensar, en la que palabras como «democracia» pueden tener dos significados irreconciliables y cosas como los campos de concentración y las deportaciones masivas pueden estar bien y mal al mismo tiempo. El siguiente golpe a la ideología de la izquierda fue el surgimiento del fascismo, que sacudió el pacifismo e internacionalismo de la izquierda sin traer consigo un replanteamiento doctrinario preciso. La experiencia de la ocupación alemana enseñó a los pueblos europeos algo que los pueblos colonizados ya sabían, a saber: que las luchas de clase no revisten una importancia absoluta y que sí existe algo llamado «interés nacional». Después de Hitler se volvió difícil sostener que «el enemigo está en tu propio país» y que la independencia nacional no tiene ningún valor. Sin embargo, aunque todos sabemos esto y actuamos en consonancia, aún tenemos la sensación de que decirlo en voz alta sería una especie de traición. Y, por último, la mayor dificultad de todas: el hecho de que la izquierda está ahora en el poder y está obligada a asumir la responsabilidad y a tomar decisiones genuinas.

Los gobiernos de izquierdas casi siempre decepcionan a quienes los apoyan porque, incluso cuando es posible alcanzar la prosperidad que han prometido, siempre es preciso un incómodo periodo de transición acerca del cual poco se ha dicho de antemano. En estos momentos vemos a nuestro gobierno, sumido en graves apuros económicos, luchando de hecho contra su propia propaganda del pasado. La crisis que ahora padecemos no es una calamidad súbita e inesperada, como un terremoto, y no la causó la guerra, sino que solamente la aceleró. Hace décadas que podía preverse que algo así sucedería. Desde el siglo XIX nuestros ingresos nacionales, dependientes en parte de los intereses de inversiones extranjeras y de los mercados asegurados y de materias primas baratas en los países coloniales, eran sumamente precarios. Estaba claro que, tarde o temprano, algo iba a fallar y que nos íbamos a ver forzados a equilibrar nuestras exportaciones con nuestras importaciones, y que cuando eso ocurriera el nivel de vida inglés, incluido el de la clase obrera, se iba a deteriorar, al menos temporalmente. Y aun así los partidos de izquierdas, incluso cuando eran vociferantemente antiimperialistas, nunca aclararon estos hechos. De vez en cuando estaban dispuestos a admitir que los trabajadores ingleses se habían beneficiado en cierta medida del saqueo de Asia y de África, pero siempre daban a entender que podríamos renunciar al botín y, de alguna manera, conservar nuestra prosperidad. En muy amplia medida, de hecho, el socialismo conquistó a los obreros diciéndoles que estaban siendo explotados, mientras que, en términos mundiales, la cruda realidad es que eran explotadores. Ahora todo parece indicar que estamos en el punto en el que el nivel de vida de la clase trabajadora no puede ser mantenido, y mucho menos elevado. Incluso si exprimimos a los ricos hasta la última gota, la mayoría de la gente debe, o bien consumir menos, o bien producir más. O ¿estoy exagerando el desastre en el que nos hallamos inmersos? Podría estarlo, y me alegraría equivocarme. En cualquier caso, lo que quiero dejar claro es que esta cuestión, entre la gente fiel a la ideología izquierdista, no puede ser discutida sin tapujos. La reducción de los salarios y el aumento de las jornadas laborales son medidas consideradas intrínsecamente antisocialistas y que por tanto deben ser descartadas de antemano, al margen de la situación económica que se viva. Sugerir que quizá sean inevitables es arriesgarse a que le cuelguen a uno esos sambenitos que a todos nos aterran. Es mucho más prudente esquivar el tema y fingir que podemos enmendar la situación redistribuyendo la renta nacional existente.

Aceptar una ortodoxia siempre entraña heredar contradicciones sin resolver. Considérese, por ejemplo, el hecho de que toda la gente sensible se escandaliza del industrialismo y de sus productos y, al mismo tiempo, es consciente de que la erradicación de la pobreza y la emancipación de la clase obrera no requieren de menos industrialización, sino de cada vez más. O el hecho de que ciertos trabajos son absolutamente necesarios y, sin embargo, nunca son realizados sin algún tipo de coerción. O el hecho de que es imposible tener una política exterior positiva sin contar con unas fuerzas armadas poderosas. Se podrían aducir muchos otros ejemplos. En cada uno de esos casos hay una conclusión perfectamente clara, pero que solo se puede sacar si en privado se es desleal a la ideología oficial. La reacción habitual es empujar la pregunta sin respuesta a un rincón de la mente y, acto seguido, seguir repitiendo eslóganes contradictorios. No es necesario buscar mucho en los periódicos y las revistas para descubrir los efectos de este tipo de pensamiento.

Por supuesto, no estoy sugiriendo que la hipocresía mental sea característica de los socialistas o de los izquierdistas en general, o que sea más común entre ellos, sino tan solo que la aceptación de cualquier disciplina política parece ser incompatible con la integridad literaria. Esto cabe aplicarlo igualmente a movimientos como el pacifismo y el personalismo, que dicen estar al margen de la lucha política corriente. En efecto, el mero sonido de una palabra acabada en -*ismo* parece apestar a propaganda. Las lealtades de grupo son necesarias y, aun así, son nocivas para la literatura, puesto que la literatura es el fruto de personas concretas. Tan pronto como a dichas lealtades se les permite ejercer cualquier influencia, incluso negativa, sobre la escritura creativa, el resultado es no solo el falseamiento sino también, con frecuencia, el agotamiento de las facultades inventivas.

Bueno, entonces ¿qué? ¿Debemos concluir que es deber de todo escritor «no meterse en po-

lítica»? ¡Ciertamente no! En cualquier caso, como
ya dije, ninguna persona inteligente puede dejar
de involucrarse en política en una época como
esta. Solo sugiero que debemos establecer una
división más clara entre nuestras lealtades literarias
y nuestras lealtades políticas, y reconocer que la
voluntad de hacer ciertas cosas desagradables pero
necesarias no acarrea la obligación de comulgar
con las creencias que suelen ir aparejadas a estas.
Cuando un escritor se involucra en la política,
debe hacerlo como ciudadano, como ser humano,
pero no como escritor. No creo que por sus do-
tes artísticas tenga derecho a librarse del trabajo
sucio cotidiano de la política. Tanto como cualquier otro, debe estar listo para pronunciar discursos en salas con corrientes de aire, colgar carteles, distribuir panfletos e incluso combatir en
ciertas guerras si es necesario. Pero, haga lo que
haga por servir a su partido, nunca debe escribir
para él. Debe dejar claro que la escritura es una
tarea aparte, y debe ser capaz de cooperar al tiempo que, si así lo decide, rechaza de plano la ideología oficial. Nunca debe renunciar a una línea
de pensamiento porque pueda llevarlo a cometer
una herejía, y no debe importarle mucho que su
falta de ortodoxia sea sometida a escrutinio, como
probablemente lo será. Hoy en día, quizá sea incluso una mala señal en un escritor que no se
sospeche de él que es reaccionario, al igual que lo

era hace veinte años si no se sospechaba que tenía simpatías comunistas.

Pero ¿significa todo esto que un escritor debería negarse no solo a recibir órdenes y consignas de dirigentes políticos sino también a escribir sobre política? Una vez más, ¡ciertamente no! No hay razón para que no escriba de la manera más crudamente política si así lo desea, solo que debe hacerlo como individuo, como alguien de fuera, a lo sumo como un guerrillero no bienvenido en los flancos de un ejército regular. Esta actitud es bastante compatible con la utilidad política corriente. Es razonable, por ejemplo, estar dispuesto a pelear en una guerra porque uno piense que debe ser ganada y, al mismo tiempo, negarse a escribir propaganda bélica. A veces, si un escritor es sincero, sus escritos y sus actividades políticas pueden llegar a contradecirse. Hay ocasiones en que ello es simplemente indeseable, pero entonces el remedio no es tergiversar los propios impulsos, sino permanecer callado.

Sugerir que en tiempos de conflicto un escritor creativo debe compartimentar su vida en dos puede parecer derrotista o frívolo, y aun así no veo qué otra cosa puede hacer en la práctica. Encerrarse en una torre de marfil es imposible y nada recomendable, mientras que ceder en el plano subjetivo, no solo a la maquinaria de un partido sino a una ideología de grupo, es destruirse a sí mismo como escritor. Sentimos este dilema como algo doloroso, porque percibimos la necesidad de involucrarnos en política a la vez que vemos cuán sucio y degradante es. Además, la mayoría de nosotros aún albergamos la creencia de que toda elección, incluso toda elección política, lo es entre el bien y el mal, y que si algo es necesario, entonces es correcto. Debemos, en mi opinión, deshacernos de esta creencia infantil. En política uno nunca puede hacer nada excepto juzgar cuál de los males es el menor, y hay ciertas situaciones de las que uno solo puede escapar actuando como un lunático o como un demonio. La guerra, por ejemplo, puede ser necesaria, pero no cabe duda de que no es correcta ni sensata. Incluso unas elecciones generales no son exactamente un espectáculo placentero o edificante. Si debes participar en tales cosas —y creo que en efecto debes, a menos que estés insensibilizado por la vejez, por la estupidez o por la hipocresía—, entonces debes mantener una parte de ti mismo inviolada. Para la mayoría de la gente el problema no se presenta de la misma forma, porque sus vidas están divididas de entrada. Solo están realmente vivos en sus horas de ocio, y no existe conexión emocional alguna entre su trabajo y sus actividades políticas. Y tampoco se les suele pedir que se degraden como trabajadores en nombre de lealtades políticas. En cambio, al artista, y sobre todo al escritor, se le pide justamente eso (de hecho, es lo único que los políticos le piden). Si se niega, ello no significa que vaya a ser condenado a la inactividad. Una mitad de él, que en cierto modo es todo él, puede actuar tan resueltamente, incluso tan violentamente si es preciso, como cualquier otra persona. Pero sus escritos, en la medida en que tengan algún valor, siempre serán producto de su «yo» más lúcido, que se mantiene al margen, percibe las cosas que se hacen y admite su necesidad, pero que se niega a engañarse en lo tocante a su naturaleza.

*Politics and Letters*, verano de 1948

# 10

## Principios de nuevalengua

La nuevalengua era el idioma oficial de Oceanía y había sido ideada para hacer frente a las necesidades ideológicas del Socing, o socialismo inglés. En 1984 todavía no había nadie que la utilizara como única forma de comunicación, ni hablada ni escrita. Los editoriales del *Times* se escribían en nuevalengua, pero era un *tour de force* que solo podía llevar a cabo un especialista. Se suponía que acabaría desplazando a la viejalengua (o inglés estándar, como lo llamaríamos hoy) en torno al año 2050. Entretanto, iba ganando terreno poco a poco, y todos los miembros del Partido tendían a utilizar cada vez más palabras y construcciones gramaticales en nuevalengua en el habla cotidiana. La versión utilizada en 1984, encarnada en la novena y décima ediciones del *Diccionario de nuevalengua*, era provisional, e incluía muchas palabras superfluas y formas arcaicas que debían suprimirse más tarde. Nosotros trataremos aquí de la versión perfeccionada y definitiva, recogida en la undécima edición del diccionario.

El propósito de la nuevalengua no era solo proporcionar un medio de expresión a la visión del mundo y los hábitos mentales de los devotos del Socing, sino que fuese imposible cualquier otro modo de pensar. La intención era que cuando se adoptara definitivamente la nuevalengua y se hubiese olvidado la viejalengua, cualquier pensamiento herético —cualquier idea que se separase de los principios del Socing— fuese inconcebible, al menos en la medida en que el pensamiento depende de las palabras. Su vocabulario estaba construido para dar expresión exacta y a menudo muy sutil a todos los significados que pudiera querer expresar un miembro del Partido, y al mismo tiempo excluir cualquier otro pensamiento y también la posibilidad de llegar a ellos por métodos indirectos. Eso se lograba en parte con la invención de palabras nuevas, pero sobre todo eliminando las palabras indeseables y despojando las restantes de cualquier significado heterodoxo, y dentro de lo posible de sus significados secundarios. Para dar un ejemplo, la palabra «libre» seguía existiendo en nuevalengua, pero solo podía utilizarse en frases como «Este perro está libre de pulgas» o «Este campo está libre de malas hierbas». No podía emplearse en el antiguo sentido de «políticamente libre» o «intelectualmente libre», porque la libertad política o intelectual habían dejado de existir incluso como conceptos y por tanto era innecesario nombrarlas. Aparte de la supresión de las palabras claramente heréticas, la reducción del vocabulario se consideraba un fin en sí mismo y no se permitía la supervivencia de ninguna palabra que se considerase prescindible. La nuevalengua estaba pensada no para extender, sino para disminuir el alcance del pensamiento, y dicho propósito se lograba de manera indirecta reduciendo al mínimo el número de palabras disponibles.

La nuevalengua se basaba en el idioma inglés tal como hoy lo conocemos, aunque muchas frases en nuevalengua, incluso aunque no contuvieran palabras de nueva creación, apenas serían inteligibles para un hablante de nuestros días. Las palabras en nuevalengua se dividían en tres clases distintas conocidas como el vocabulario A, el vocabulario B (formado por palabras compuestas), y el vocabulario C. Será más fácil estudiarlas por separado, aunque abordaremos las peculiaridades gramaticales del idioma en la sección dedicada al vocabulario A, pues las tres categorías se regían por las mismas normas.

*El vocabulario A.* El vocabulario A incluía todas aquellas palabras necesarias para la vida cotidiana, para cosas como comer, beber, trabajar, ponerse la ropa, subir y bajar escaleras, conducir vehículos, cuidar el jardín, cocinar y demás. Estaba compuesto casi por entero por palabras que ya existían an-

tes como «golpear», «correr», «perro», «árbol», «azú-
car», «casa» o «campo», aunque, en comparación
con el vocabulario del inglés actual, su número era
extremadamente pequeño y su significado estaba
definido con mayor rigidez. Todas las ambigüeda-
des y los matices de significado se habían eliminado. Dentro de lo posible, toda palabra en nuevalengua perteneciente a esta categoría se reducía
a un sonido en *staccato* que expresaba un concepto entendido con total claridad. Habría sido imposible utilizar el vocabulario A con propósitos
literarios o para una argumentación política o fi-
losófica. Estaba concebido solo para expresar ideas
sencillas y determinadas que por lo general impli-
caban objetos concretos o acciones físicas.

La gramática de la nuevalengua tenía dos peculiaridades destacadas. La primera era la intercam-
biabilidad casi absoluta entre las diferentes partes
de la frase. Cualquier palabra (y en principio eso
incluía palabras muy abstractas como «si» o «cuando») podía utilizarse como verbo, sustantivo, adjetivo o adverbio. Entre el verbo y el sustantivo,
cuando compartían la misma raíz, no había la menor diferencia, una norma que implicaba en sí
misma la destrucción de numerosos arcaísmos. La
palabra «pensamiento», por ejemplo, no existía en
nuevalengua. Su lugar lo ocupaba la forma «piensa», que funcionaba como verbo y como sustantivo. No se seguía ningún principio etimológico:

en unos casos se optaba por conservar el sustantivo y en otros el verbo. Incluso cuando un verbo y un sustantivo de significado similar no tenían conexión etimológica, era frecuente que se eliminara uno u otro. Por ejemplo, no existía la palabra «cortar» y su significado se expresaba de manera suficiente por el sustantivo-verbo «cuchillo». Los adjetivos se formaban añadiendo el sufijo «-pleno» al sustantivo-verbo, y los adverbios añadiéndole «-mente». Así, por ejemplo, «velocipleno» significaba *veloz* y «velocimente», *velozmente*. Se conservaban algunos de nuestros adjetivos actuales, tales como «bueno», «fuerte», «grande», «negro» y «blando», pero su número era muy reducido. Apenas eran necesarios, pues cualquier adjetivo podía formarse añadiendo «-pleno» a un sustantivo-verbo. No se conservó ninguno de los adverbios hoy existentes, excepto unos cuantos que ya terminaban en «-mente», pero dicha terminación era invariable. La palabra «bien», por ejemplo, se sustituyó por «bienmente».

Además, cualquier palabra —y esto se aplicaba en principio a cualquier palabra del idioma— podía convertirse en su contraria añadiendo el prefijo «no-» o subrayarse por medio del prefijo «mas-», o si se quería intensificar aún más, «doblemas-». Así, por ejemplo, «nofrío» significaba *caliente*, mientras que «masfrío» y «doblemasfrío» significaban respectivamente *muy frío* y *extraordinariamen-*

*te frío.* También era posible, como en el inglés actual, modificar el significado de casi cualquier palabra mediante el uso de prefijos preposicionales como «ante-», «pos-», «sobre-» o «sub-». De ese modo, se pudo llevar a cabo una enorme disminución del vocabulario. Una vez aceptada, por ejemplo, la palabra «bueno», se hacía innecesaria la palabra «malo», pues el significado requerido se expresaba igual de bien, o incluso mejor, con «nobueno». Lo único necesario, en el caso de que dos palabras formaran un par natural de opuestos, era decidir cuál de las dos eliminar. «Oscuridad», por ejemplo, podía sustituirse por «noluz» o «luz» por «nooscuridad», según las preferencias de cada cual.

El segundo rasgo distintivo de la nuevalengua era su regularidad. Quitando algunas excepciones que se enumeran más abajo, todas las inflexiones seguían las mismas normas. Así, en todos los verbos, el pasado y el participio pasado eran iguales y terminaban en «-ado» o en «-ido». El pasado de «sustrae» era «sustraeido» y el de «piensa» «piensado», y así ocurría con toda la lengua, las demás formas fueron abolidas. Todos los plurales se hacían añadiendo «-s». Los plurales de «hombre», «buey» o «vida», eran «hombres», «bueys» o «vidas». La comparación de los adjetivos se hacía invariablemente añadiendo «ma-» y «doblemas-» y todas las demás formas se suprimieron.

Las únicas palabras en las que se toleraban las inflexiones irregulares eran los pronombres, los relativos, los demostrativos y los verbos auxiliares. Todos seguían las normas antiguas, excepto «quien», que se había suprimido por innecesario. El subjuntivo también había dejado de utilizarse. Había también otras irregularidades en la formación de palabras que surgían de la necesidad de hablar de manera rápida y sencilla. Cualquier palabra difícil de pronunciar o de entender se consideraba mala *ipso facto*, por tanto de vez en cuando se añadían letras a algunas palabras o se conservaba un arcaísmo por motivos eufónicos. No obstante, esa necesidad tenía que ver más con el vocabulario B. Después aclararemos por qué se concedía tanta importancia a la pronunciación.

*El vocabulario B.* El vocabulario B consistía en palabras que se habían formado deliberadamente por motivos políticos: es decir, palabras que no solo tenían implicaciones políticas, sino que estaban pensadas para imponer una actitud mental deseable en la persona que las utilizara. Eran difíciles de emplear sin una buena comprensión de los principios del Socing. En algunos casos podían traducirse a viejalengua, o incluso a palabras tomadas del vocabulario A, pero eso exigía a menudo una larga paráfrasis y siempre implicaba la pérdida de matices. Las palabras B eran una especie de taquigrafía verbal, a menudo concentraban muchas ideas en unas pocas sílabas, y al mismo tiempo eran más precisas y poderosas que el lenguaje normal.

Las palabras B eran siempre palabras compuestas.* Consistían en dos o más palabras, o porciones de palabras, fundidas en una forma fácil de pronunciar. La amalgama resultante era siempre un sustantivo-verbo que se utilizaba según las normas habituales. Por tomar un ejemplo: la palabra «bienpiensa», que significaba, a grandes rasgos, «ortodoxia», o si se quería considerarla un verbo, «pensar de manera ortodoxa». Se declinaba del modo siguiente: el sustantivo-verbo era «bienpiensa»; el pasado y el participio, «bienpensado»; el adjetivo, «bienpiensapleno» y el adverbio, «bienpiensamente».

Las palabras B no se creaban según un plan etimológico. Las palabras con que se construían podían tomarse de cualquier parte de la frase, colocarse en cualquier orden y mutilarse de cualquier modo que permitiera pronunciarlas con facilidad y al mismo tiempo indicar su derivación. En la palabra «crimental» (crimen del pensamiento), «mental» iba al final, mientras que en «mentalpol» (Policía del Pensamiento) iba al principio, y en la última palabra «policía» había perdido las últimas sílabas. Debido a la mayor dificultad de garantizar

---

* Por descontado, en el vocabulario A también había palabras compuestas, como «hablascribe», pero eran meras formas útiles carentes de cualquier matiz ideológico.

la eufonía, las formaciones irregulares eran más comunes en el vocabulario B que en el A. Por ejemplo, las formas adjetivadas de Miniver, Minipax y Minimor eran, respectivamente, «Miniverpleno», «Minipaxpleno» y «Minimorpleno», porque «verdadpleno», «pazpleno» y «amorpleno» eran ligeramente más difíciles de pronunciar. En principio, no obstante, todas las palabras B podían seguir y seguían las mismas normas.

Algunas palabras B tenían significados muy sutiles, apenas inteligibles para cualquiera que no dominara totalmente la lengua. Considérese, por ejemplo, una frase típica de un editorial del *Times* como: «Viejopiensadors novientresiente Socing». La forma más breve de explicar su significado en viejalengua habría sido: «Aquellos cuyas ideas se formaron antes de la Revolución no pueden tener una comprensión emocional plena de los principios del socialismo inglés». No obstante, no se trata de una traducción exacta. Para empezar, para entender el significado completo en nuevalengua de la frase que acabamos de citar, había que tener muy claro lo que se entendía por «Socing». Y, además, solo una persona muy familiarizada con el Socing podría apreciar toda la fuerza de la palabra «vientresiente», que implicaba una aceptación ciega y entusiasta difícil de imaginar hoy, o de «viejopiensa», que estaba inextricablemente asociada a la idea de maldad y decadencia. Pero la particular función de algunos términos en nuevalengua, entre ellos «viejopiensa», no era tanto expresar significados como destruirlos. Dichos términos, necesariamente escasos, habían ampliado su significado hasta contener listas enteras de palabras que, ya que podían ser nombradas con un único térmno, podían borrarse y caer en el olvido. La mayor dificultad a que se enfrentaban los compiladores del *Diccionario de nuevalengua* no era tanto inventar nuevas palabras como acotar su significado una vez inventadas, o lo que es lo mismo, asegurarse de qué rangos de palabras habían eliminado con su existencia.

Tal como hemos visto ya en el caso de la palabra «libre», se conservaron, por motivos de conveniencia, algunos términos que en otro tiempo habían tenido un significado herético, pero solo tras purgarlos de los significados indeseables. Muchas palabras semejantes como «honor», «justicia», «moral», «internacionalismo», «democracia», «ciencia» y «religión» sencillamente dejaron de existir. Unas cuantas palabras-baúl las englobaron y al mismo tiempo las abolieron. Todos los términos agrupados en torno a los conceptos de libertad e igualdad, por ejemplo, estaban contenidos en la palabra «crimental», igual que «viejopiensa» contenía a los que se agrupaban en torno a los conceptos de objetividad y racionalismo. Una mayor precisión habría sido peligrosa. La perspectiva requerida a los miembros del Partido era similar a la de los antiguos hebreos que sabían, sin saber mucho más, que las demás naciones adoraban «falsos dioses». No era necesario que supiesen que dichos dioses se llamaban Baal, Osiris, Moloc o Astaroth, y, probablemente, cuanto menos supieran tanto mejor para su ortodoxia. Conocían a Jehová y sus mandamientos, y en consecuencia sabían que todos los demás dioses con otros nombres o atributos eran falsos. Más o menos del mismo modo, el miembro del Partido conocía el modo correcto de proceder, y, en términos muy vagos y generales, qué desviaciones eran posibles. Su vida sexual, por ejemplo, estaba totalmente regulada por las dos palabras en nuevalengua «crimensexo» (inmoralidad sexual) y «buensexo» (castidad). El crimensexo incluía cualquier desviación sexual. Desde la fornicación, el adulterio y la homosexualidad hasta otras perversiones, incluidas las relaciones normales si tenían lugar solo por placer. No había necesidad de enumerarlas por separado, puesto que todas eran igualmente culpables y, en principio, estaban castigadas con la muerte. En el vocabulario C, formado por palabras científicas y técnicas, podía ser necesario dar nombres concretos a determinadas aberraciones sexuales, pero al ciudadano corriente no le hacía falta. Sabía lo que era el buensexo, es decir, las relaciones normales entre hombres y mujeres con el único propósito de engendrar hijos, y sin placer físico por parte de la mujer: todo lo demás era crimensexo. En nuevalengua muy pocas veces era posible elaborar una idea herética más allá de la percepción de que lo era: pasado ese punto, no existían las palabras necesarias.

Ninguna palabra en el vocabulario B era neutra desde el punto de vista ideológico. Muchas eran eufemismos. Así, por ejemplo, «campogozo» (campo de trabajos forzados) o «Minipax» (el Ministerio de la Paz, en realidad el Ministerio de la Guerra) significaban casi lo contrario de lo que aparentaban significar. Por otro lado, también había términos que demostraban una franca y desdeñosa comprensión de la verdadera naturaleza de la sociedad oceánica. Un ejemplo era «prolealimento», que se refería al entretenimiento de ínfima calidad y a las noticias falsas que el Partido proporcionaba a las masas. Otros términos eran ambivalentes y tenían connotaciones buenas o malas, según se aplicaran respectivamente al Partido o a sus enemigos. Pero también había muchos que a primera vista parecían meras abreviaturas y que derivaban su carga ideológica no de su significado, sino de su estructura.

Dentro de lo posible, todo lo que tenía o podía haber tenido significado político se hacía encajar en el vocabulario B. El nombre de todas las organizaciones, los grupos de personas, las doctrinas, los países, las instituciones o los edificios públicos se recortaba del modo habitual; es decir, se convertía en una única palabra, fácil de pronunciar y con el menor número posible de sílabas, de manera que conservara su derivación original. En el Ministerio de la Verdad, por ejemplo, el Departamento de Archivos, donde trabajaba Winston Smith, se llamaba «Deparch», el Departamento de Ficción se llamaba «Depfic», el Departamento de Teleprogramas se llamaba «Deptel», y así sucesivamente. Esto se hacía no solo con el objetivo de ganar tiempo. Ya en los primeros decenios del siglo XX, las abreviaturas habían sido uno de los rasgos característicos del lenguaje político; y se había visto que la tendencia a utilizarlas era más notable en los países totalitarios y las organizaciones totalitarias. Como ejemplo, tenemos palabras como «nazi», «Gestapo», «Comintern», «Inprecor» o «Agitprop». Al principio, dicha práctica se adoptó de manera casi instintiva, pero en nuevalengua tenía un propósito consciente. Se daba por sentado que al abreviar así un nombre se reducía y alteraba sutilmente su significado y se separaba de las asociaciones que podría tener de otro modo. Las palabras «Internacional Comunista», por ejemplo, evocan banderas rojas, barricadas, la hermandad universal, Karl Marx y la Comuna de París. En cambio, la palabra «Comintern» sugiere solo una organización muy bien organizada y un cuerpo doctrinal bien definido. Se refiere a algo casi tan reconocible, y limitado en su propósito, como una silla o una mesa. «Comintern» es una palabra que puede pronunciarse sin pararse a pensar en ella, mientras que «Internacional Comunista» es una frase en la que uno tiene que pararse a pensar, siquiera por un instante. Del mismo modo, las asociaciones de ideas evocadas por una palabra como «Miniver» son menos numerosas y fáciles de controlar que las evocadas por «Ministerio de la Verdad». Lo cual explica no solo la costumbre de abreviar siempre que fuese posible, sino también el cuidado casi exagerado para que todas las palabras fueran fáciles de pronunciar.

En nuevalengua, la eufonía se anteponía a cualquier otra consideración que no fuese la exactitud del significado, aun si para ello se hacía necesario sacrificar la regularidad de la gramática. Y no es de extrañar, pues por razones políticas su finalidad principal era conseguir palabras cortas con un significado inconfundible que pudieran pronunciarse deprisa y apenas despertaran ecos en la imaginación del hablante. Las palabras del vocabulario B incluso ganaban fuerza por el hecho de que casi todas se pareciesen. De manera casi invariable dichos términos —bienpiensa, Minipax, prolealimento, crimensexo, campogozo, Socing, vientresiente, mentalpol y muchos más— eran palabras de tres o cuatro sílabas, con el acento distribuido por igual entre la primera sílaba y la última. Su uso favorecía una farfolla al mismo tiempo marcada y monótona. Y eso era exactamente lo que se pretendía: que el discurso, sobre todo si versaba sobre cualquier asunto que no fuese neutro desde el punto de vista ideológico, fuese lo más independiente posible de la conciencia. Es evidente que en la vida cotidiana a veces era necesario reflexionar antes de hablar, pero cualquier miembro del Partido a quien se le pidiera un juicio ético o político podía farfullar las opiniones correctas de manera tan automática como una ametralladora dispara las balas. Su adoctrinamiento le preparaba para eso, la lengua le proporcionaba un instrumento casi infalible y la textura de las palabras, con su sonido áspero y cierta fealdad intencionada que estaba en consonancia con el espíritu del Socing, contribuía aún más al proceso.

Lo mismo ocurría con el hecho de que hubiese muy pocas palabras entre las que elegir. En comparación con el nuestro, el vocabulario de nuevalengua era muy escaso, y constantemente se ideaban nuevos modos de disminuirlo. La nuevalengua, de hecho, se distinguía de casi todos los demás idiomas en que su vocabulario cada vez era más reducido en vez de más amplio. Cada disminución era una ganancia, puesto que cuanto más reducida era el área de elección menor era la tentación de pensar. En último extremo, se tenía la esperanza de que el lenguaje articulado llegara a salir de la laringe sin el concurso de los centros cerebrales superiores. Dicho objetivo lo reconocía con toda franqueza la palabra «grazbla», que significaba «graznar como un pato». Al igual que muchas otras palabras del vocabulario B, «grazbla» tenía un significado ambivalente. Siempre que las opiniones graznadas fuesen ortodoxas, sus connotaciones eran positivas, y cuando el *Times* se refería a uno de los oradores del Partido como un «grazblador doblemasbueno» le estaba dedicando un caluroso elogio.

*El vocabulario C*. El vocabulario C servía para complementar a los otros dos. Estaba totalmente integrado por términos técnicos y científicos, parecidos a los que se usan hoy en día y construidos a partir de las mismas raíces, aunque, como siempre, se ponía gran cuidado en definirlos rígidamente y despojarlos de significados indeseables. Seguían las mismas normas gramaticales que las palabras de los otros dos vocabularios. Muy pocos términos C tenían utilidad en el habla cotidiana o en el discurso político. Cualquier trabajador técnico o científico podía encontrar las palabras que necesitaba en la lista consagrada a su especialidad, pero solo conocía por encima las de las otras listas. Solo unos cuantas eran comunes a todas las listas, y no había ningún vocabulario para referirse a la función de la ciencia como hábito o método de pensamiento, con independencia de sus ramas concretas. De hecho, no había ningún término para referirse a la «Ciencia», pues todos sus significados los recogía suficientemente la palabra Socing.

De todo lo visto hasta ahora se deducirá que la expresión de opiniones heterodoxas en nuevalengua por encima de un nivel muy sencillo era casi imposible. Por supuesto, se podían expresar herejías muy toscas, como una especie de blasfemia. Por ejemplo, se habría podido decir: «El Hermano Mayor es nobueno». Pero semejante afirmación, que para los oídos ortodoxos implicaba meramente un evidente absurdo, no podía sostenerse con una argumentación razonada porque faltaban las palabras necesarias. Las ideas contrarias al Socing solo podían concebirse de forma vaga y silenciosa, y nombrarse con términos muy amplios que incluían y condenaban grupos enteros de herejías sin definirlas. De hecho, el único modo de utilizar la nuevalengua con propósitos heterodoxos era retraducir ilegítimamente algunas palabras a viejalengua. Por ejemplo, en nuevalengua podía formarse una frase como: «Todos los hombres son iguales», pero solo en el mismo sentido en que podría decirse en viejalengua: «Todos los hombres son pelirrojos». No contenía errores gramaticales, pero expresaba una verdad impalpable —es decir, que todos los hombres tienen la misma estatura, peso o fuerza—. El concepto de igualdad política había dejado de existir, y dicho significado secundario también había sido borrado de la palabra «iguales». En 1984, cuando la viejalengua seguía siendo la forma normal de comunicación, seguía existiendo el peligro teórico de que al utilizar términos en nuevalengua uno pudiera recordar su significado original. En la práctica, nadie versado en el ejercicio del doblepiensa habría tenido la menor dificultad en evitarlo, pero en unas pocas generaciones incluso la posibilidad de ese descuido habría desaparecido. Cualquier persona que creciera con la nuevalengua como única lengua ignoraría que «iguales» había tenido el sentido secundario de «políticamente iguales», o que, en otra época, «libre» había significado «intelectualmente libre», igual que, por ejemplo, una persona que no hubiese oído hablar jamás del ajedrez ignoraría los significados secundarios de la palabra «reina» o «torre». Habría muchos crímenes y equivocaciones que le sería imposible cometer, sencillamente porque no tenían nombre y le resultarían inimaginables. Y era previsible que con el paso del tiempo las características definitorias de la nuevalengua se fueran agudizando, que su vocabulario fuese cada vez más escaso y los significados más rígidos, y que la posibilidad de utilizarlos de manera incorrecta continuara disminuyendo.

Cuando la viejalengua fuese por fin superada, se habría cortado el último vínculo con el pasado. La historia ya se había reescrito muchas veces, pero todavía sobrevivían fragmentos de literatura del pasado aquí y allá, censurados de forma imperfecta, y mientras quedase alguien que conociera la viejalengua sería posible leerlos. En el futuro, dichos fragmentos, aunque lograsen sobrevivir, serían ininteligibles e intraducibles. Era imposible traducir un pasaje de viejalengua a nuevalengua a menos que se refiriese a algún proceso técnico o a un acto de la vida cotidiana o fuese ya de tendencia ortodoxa (piensabienpleno, se diría en nuevalengua). En la práctica, eso significaba que ningún libro escrito antes de aproximadamente 1960 podía traducirse por completo. La literatura prerrevolucionaria solo podía someterse a una traducción ideológica, es decir, a una manipulación no solo de la lengua sino del sentido. Tomemos por ejemplo el conocidísimo pasaje de la Declaración de Independencia:

> Defendemos que dichas verdades son evidentes en sí mismas: que todos los hombres son creados iguales; que son dotados por su Creador de ciertos derechos inalienables, entre los que se cuentan el derecho a la vida, a la libertad y a la búsqueda de la felicidad; que para garantizar dichos derechos se instituyen entre los hombres los gobiernos, que

derivan sus poderes legítimos del consentimiento de los gobernados; que cuando quiera que una forma de gobierno se vuelva perjudicial para dichos principios, el pueblo tiene derecho a reformarla o abolirla y a instituir un nuevo gobierno…

Habría sido imposible traducirlo a nuevalengua y conservar el sentido original. Como mucho podría resumirse todo el pasaje con la palabra «crimental». Cualquier traducción completa habría sido ideológica, y las palabras de Jefferson se habrían convertido en un panegírico del gobierno absoluto.

Gran parte de la literatura del pasado estaba, de hecho, en proceso de transformación. Las consideraciones de prestigio hacían deseable conservar el recuerdo de determinadas figuras históricas y al mismo tiempo encajar sus logros en la filosofía del Socing. Por ello se estaba traduciendo a escritores como Shakespeare, Milton, Swift, Byron, Dickens y algunos más. Una vez completada la tarea, se destruirían los escritos originales junto con toda la literatura del pasado que hubiese sobrevivido. Dichas traducciones eran un proceso lento y difícil y no se esperaba que estuviesen terminadas antes del primer o segundo decenio del siglo XXI. También había mucha literatura meramente utilitaria —manuales técnicos indispensables y cosas por el estilo— que había que tratar del mismo modo. El motivo de que la adopción definitiva de la nuevalengua se fijara en una fecha tan lejana como el año 2050 no era otro que dar tiempo a esa labor preliminar de traducción.

El papel utilizado para la impresión de este libro
ha sido fabricado a partir de madera
procedente de bosques y plantaciones
gestionados con los más altos estándares ambientales,
garantizando una explotación de los recursos
sostenible con el medio ambiente
y beneficiosa para las personas.
Por este motivo, Greenpeace acredita que
este libro cumple los requisitos ambientales y sociales
necesarios para ser considerado
un libro «amigo de los bosques».
El proyecto «Libros amigos de los bosques» promueve
la conservación y el uso sostenible de los bosques,
en especial de los Bosques Primarios,
los últimos bosques vírgenes del planeta.

Papel certificado por el Forest Stewardship Council®

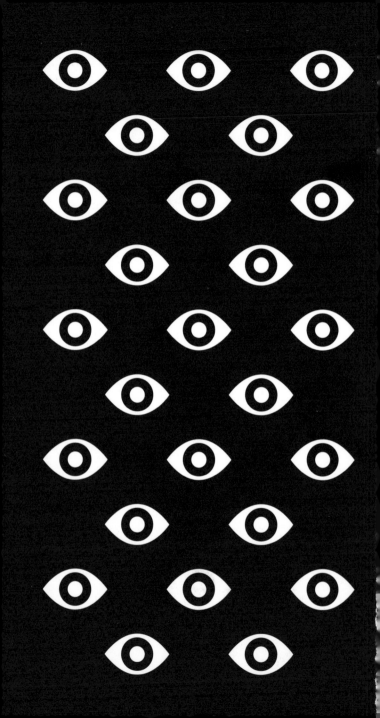